Lidere como os GRANDES

MARCELO ORTEGA
ORGANIZADOR

Lidere como os GRANDES

Uma jornada de liderança com os maiores especialistas do Brasil

Benvirá

Direção executiva Flávia Alves Bravin
Direção editorial Ana Paula Santos Matos
Gerência editorial Fernando Penteado
Edição Neto Bach
Produção Daniela Nogueira Secondo

Transcrição e preparação de texto Oldair José de Oliveira Morgado
Revisão Carmem Becker
Diagramação LGB Publicações
Capa Deborah Mattos
Impressão e acabamento Gráfica Paym

Dados Internacionais de Catalogação na Publicação (CIP)
Vagner Rodolfo da Silva - CRB-8/9410

O77l Ortega, Marcelo

Lidere como os grandes: uma jornada de liderança com os maiores especialistas do Brasil / org. Marcelo Ortega - São Paulo : Benvirá, 2022.

200 p.

ISBN 978-65-5810-030-0 (impresso)

1. Administração. 2. Liderança. 3. Gestão de Carreira. 4. Gestão de Negócios. 5. Desenvolvimento profissional. 6. Vendas. 7. Motivação. 8. TED. 9. Palestras. I. Título.

CDD 658.4092
2021-4204 CDU 65.012.41

Índices para catálogo sistemático:

1. Administração : Liderança 658.4092
2. Administração : Liderança 65.012.41

1ª edição, janeiro de 2022

Av. Paulista, 901, 3° andar
Bela Vista - São Paulo - SP - CEP: 01311-100

SAC: sac.sets@saraivaeducacao.com.br

CÓDIGO DA OBRA 706500 CL 671026 CAE 799156

Sobre os autores

Alfredo Rocha

Nascido em Limeira, interior de São Paulo, em 30 anos de carreira tornou-se o palestrante mais assistido do Brasil e um dos mais respeitáveis conferencistas nas áreas Comportamental e Motivacional. Suas palestras já foram assistidas por mais de 3 milhões de pessoas ao vivo.

Ana Artigas

Neuropsicóloga, especialista em relacionamentos inteligentes e mestre pela Flórida Christian University (FCU). Fundou o Instituto Ana Artigas e hoje desenvolve trabalhos de formação, capacitação, imersão e gestão de relacionamentos utilizando o Método CLASSE como base para o desenvolvimento de profissionais e equipes que visam a alta performance. É autora do *best-seller Inteligência Relacional.*

Augusto Cury

Médico psiquiatra, professor e escritor. Seus livros foram publicados em mais de 70 países, com mais de 30 milhões de cópias vendidas somente no Brasil. É criador da AGE – a primeira Academia de Gestão da Emoção *on-line* –, que já transformou as vidas de mais de 25 mil alunos. É membro de honra da Academia de Gênios do Instituto Europeu de Inteligência.

César Souza

Presidente da Empreenda, empresário, consultor e palestrante. Autor de *O jeito de ser Magalu*; *Clientividade*; e *Seja o líder que o momento exige*. Criou conceitos e programas inovadores como "Líderes em Ação", "Reflexão Estratégica", "Team Business", "Clientividade" e "As 7 Disciplinas do Empreendedor". Foi apontado pela *Exame* e pelo *O Globo* como um dos palestrantes mais requisitados do Brasil.

Claudio Diogo

Formado em Administração, Marketing e Consumo. Professor universitário, há trinta anos acompanha vendedores e executivos comerciais, criando metodologias de vendas e aplicando um reconhecido programa que potencializa as vendas das mais exigentes empresas do país. Palestrante e autor de quatro livros, defende o conceito de *Storyselling* e é reconhecido como o conferencista que melhor utiliza "histórias" para convencer e encantar.

Clovis Tavares

Publicitário com especialização em *Advanced Marketing*. Graduado pela Disney em *Leadership, Business Excellence, Quality Services, Creativity and Innovation*. Diplomado pela Harvard Business School em Negotiation Mastery e Disruptive Strategy. Recebeu cinco prêmios "Top de Marketing" pela ADVB.

Dado Schneider

Graduado em Comunicação e pós-graduado em Marketing pela Universidade Federal do Rio Grande do Sul, além de mestre e doutor em Comunicação pela PUC/RS. Foi considerado pelo site BuzzFeed como "um dos palestrantes imperdíveis da Campus Party" – de onde passou a ser embaixador.

Daniela do Lago

Mestre em Administração pela Universidade Municipal de São Caetano do Sul. MBA em Marketing pela Fundação Getulio Vargas. Bacharel em Administração pela Fundação Santo André. É professora, escritora e palestrante. Desde 2001 ministra palestras e atua com Gestão de Pessoas. Atualmente trabalha como Coach Executivo e Desenvolvimento de Carreira.

Edgar Ueda

Empreendedor, escritor e palestrante. Fundador da empresa de inteligência imobiliária Neximob e sócio-fundador do Instituto Êxito. Foi três vezes TEDx Speaker e é autor dos livros *best-sellers: Kintsugi: o poder de dar a volta por cima; Desvendando a caixa-preta do sucesso;* e *O Poder do método: a bíblia do sucesso do mercado imobiliário.*

Prof. Edison Andrades

Conhecido como Professor Atendimento, Edison Andrades é palestrante com mais de 2 mil apresentações nos últimos 15 anos. É psicólogo, MBA em Varejo (FIA-USP), ator, escritor, sócio-fundador da DigiPaco e autor do método "As 7 Leis da Humanização em Atendimento". Foi Diretor de RH no Varejo e Contact Center.

Eduardo Carmello

Consultor organizacional e educacional, especialista em Gestão estratégica de pessoas, docente de Gestão Estratégica, Econômica e de Pessoas. É diretor da Entheusiasmos Consultoria em Talentos Humanos e Coach certificado pela International Community Coaching (ICC). Foi indicado seis vezes ao TOP 5 do prêmio Top of Mind de Recursos Humanos.

Eduardo Tevah

Palestrante, empresário e escritor. Tem vivência como gestor e consultor de grandes empresas nacionais e internacionais. Atua como consultor e palestrante para mais de 1.400 clientes no Brasil e nos Estados Unidos. É autor de cinco livros com mais de 300 mil exemplares vendidos.

Prof. Gretz

Palestrante motivacional com destacada atuação em eventos empresariais, presenciais e on-line. Trabalhou em grandes empresas como diretor de RH e liderou Programas Motivacionais para a Qualidade. Fez mais de 5 mil palestras em organizações de diversos setores e foi assistido por mais de um milhão e meio de pessoas. Tem 14 obras publicadas.

Jober Chaves

Formado em Economia pela Universidade Municipal de São Caetano do Sul e MBA em Marketing pela Madia Marketing School. Trouxe para o Brasil a *Accelerated Learning*, metodologia usada para ensinar uma língua estrangeira. Foi o primeiro empresário na área de Educação a sair do mundo físico para o digital. É autor do livro *O poder da coragem*.

José Luiz Tejon

Conferencista internacional, professor e autor. É considerado uma das maiores autoridades nas áreas de Marketing em Agronegócio, Gestão de vendas, Liderança, Motivação e Superação humana. Recebeu os prêmios ADVB de Marketing, *Greatkey speaker*, da Olmix em Paris, e *Top of mind* de RH. Tem no currículo mais de 30 livros escritos.

Leila Navarro

Palestrante internacional com foco em Comportamento e Motivação. É empresária, *startuper*, *standuper*, escritora, mentora e conferencista. Autora de 16 livros e reconhecida no mercado de palestras como a empreendedora do seu próprio talento. Integra o Ranking dos 20 maiores Palestrantes do Brasil, segundo a revista *Veja*.

Luciano Pires

Personal trainer de fitness intelectual que respeita a inteligência do público. É criador e apresentador dos podcasts Café Brasil, LíderCast e Cafezinho, e interessado em ajudar você e sua equipe a refinar sua capacidade de julgamento e tomada de decisão.

Prof. Luiz Marins

Antropólogo, consultor de empresas no Brasil e no exterior, o Prof. Marins tem 31 livros e centenas de vídeos publicados. Empresário no agronegócio, seus programas de televisão estão entre os líderes de audiência em sua categoria.

Marcelo Ortega

Um dos mais renomados palestrantes internacionais das áreas de Vendas, Liderança Gerencial e Motivação. Engenheiro com especialização em Marketing e Recursos Humanos, passou 20 anos de sua vida vendendo e liderando equipes comerciais em empresas como Compaq, HP e Ericsson. É autor do *best-seller Sucesso em Vendas* e outros importantes livros de Vendas, Liderança, Gestão e Motivação.

Marilam Sales

Ator, humorista, escritor e palestrante. Começou sua carreira com 16 anos em novelas na TV Tupi e TV Globo. Trabalhou no teatro, rádio e programas infantis na TV Cultura e TV Record. Nos últimos 20 anos ministra palestras e cursos para o mundo corporativo.

Mauricio Louzada

Palestrante desde 1998. É Speaker do TEDx e recebeu o título "Palestrante do Ano" em 2007, 2008 e 2009 pelo instituto Pró-Treinare, além de outros títulos importantes como o "Latin American Quality Awards". Suas palestras já foram vistas por mais de 2 milhões de pessoas e em 16 países diferentes.

Rafael Baltresca

Professor e palestrante desde 1999. Conferencista em mais de 10 países diferentes, sua filosofia tem como base o aprendizado pelo lúdico. Desde 2001 ele coleciona troféus e atuações como ilusionista profissional em congressos nacionais e internacionais. É reconhecido hoje como um dos ilusionistas mais criativos e expressivos da atualidade.

Raul Candeloro

Formado em Administração de empresas e com MBA pela Babson College, nos Estados Unidos, é fundador e diretor da Editora Quantum, empresa com a missão de ajudar vendedores e empresas do Brasil a venderem mais e melhor. Escreveu inúmeros livros sobre vendas, e suas palestras e workshops inspiram milhares de profissionais e líderes.

Rodrigo Cardoso

Engenheiro formado pela USP, com pós-graduação em Psicologia. É Master Practitioner em Programação Neurolinguística e treinou diretamente com o criador da PNL: Richard Bandler. Referência em treinamentos de alto impacto, é reconhecido como o "Treinador dos Treinadores" do Brasil. Publicou vários *best-sellers*; entre eles, *Leve Sua Mensagem para o Mundo*.

William Caldas

Formado em Comunicação Social, Bacharel em Relações Públicas com extensão em Gestão do Conhecimento pela Fundação Getulio Vargas. Foi eleito um dos 30 maiores especialistas em Motivação do Brasil pela Editora 3C. É autor de 5 DVDs e coautor de 8 livros. Entre eles, *Do porteiro ao presidente, todo mundo vende, todo mundo atende* e *Motivação em Vendas*.

Sumário

Apresentação

Este livro é um feito histórico.

É o resultado de muitas horas de trabalho, de muita afinidade e admiração por essas mentes brilhantes dos mais renomados especialistas deste país, no mundo do conhecimento. Grandiosos líderes!

Para mim, este é um dos momentos mais importantes de minha vida pessoal e profissional. Deixo qualquer vaidade de lado, afinal, como palestrante, corro o risco de pecar nesse sentido. Decidi, portanto, dar foco e me debruçar nestes últimos 18 meses na criação de um projeto de vida: uma plataforma de desenvolvimento humano, pessoal e profissional como nunca existiu antes, com apoio e contribuição de grandes pessoas, antes de tudo.

Em meados de 2020, no auge da pandemia da Covid-19, nasce em meio a todo o caos a nossa *startup* chamada **Netspeakers**. Nome que remete a rede dos maiores palestrantes do Brasil, um empreendimento impossível de ser pensado em outros tempos. A parada que esta crise proporcionou, permitiu que tivéssemos tempo para produzir algo tão sublime e valoroso: uma plataforma de conhecimento que reúne nomes consagrados do mercado de palestras. O propósito estava em gerar um legado de conhecimento acessível a todos, que antes só era encontrado se você se dedicasse muito, mas muito mesmo, a procurar todos os nomes e seus materiais on-line, muitas vezes não apresentados na integra, e sem a possibilidade de interação, salvo quando investia num curso ou numa mentoria com cada palestrante.

Decidimos então criar um lugar único, com os melhores, os mais renomados e contratados nomes do mundo do conhecimento, onde você, sua equipe e sua empresa teriam acesso ao conhecimento destes feras, por um valor ínfimo comparado ao quanto isso vale, e que fosse justo e servisse como uma espécie de base de conhecimento para a vida, em todos os campos. O seu lugar de treinamento e desenvolvimento constante.

Dar palestras pode até ser fácil. Basta saber falar em público. Mas o respeito que esse time de *speakers* tem no mundo corporativo e na vida das pessoas, não se consegue do dia para a noite. Décadas de trabalho somadas para que você possa acessar de qualquer lugar, em qualquer dispositivo.

Isso é a Netspeakers! Conteúdos em vídeos exclusivos, artigos, fóruns, lives, mentorias, cursos on-line, podcasts, entrevistas, encontros presenciais também é um resumo de tudo que iremos entregar para nossos membros assinantes e claro, sempre visando a democratização do que existe de melhor em conteúdo, apresentado de forma organizada para você ter jornadas de desenvolvimento diversas: em liderança, produtividade, vendas, gestão de pessoas, finanças, gestão de tempo, planejamento estratégico, comunicação, marketing, motivação etc.

A primeira série de conteúdos produzidos para a plataforma, *Jornada de Sucesso – Liderança* – foi transcrita para formar este superlivro, esta obra magnífica e altamente prática para que você seja o líder de sua vida e prospere na sua carreira, na sua empresa ou empreendimento.

Reunimos os principais mestres que tratam as diversas competências em liderança, para que você tenha diferentes visões e possa assumir seu papel na arte de liderar pessoas, projetos, processos, negócios e resultados. Todos somos líderes em algum contexto, e os desafios para nos posicionarmos à frente de qualquer situação são imensos.

Vencer as barreiras da formação de uma equipe, da comunicação eficaz, da mentalidade ágil, empreendedora e ambidestra para tomar decisões difíceis, fazendo com que em seu dia a dia prevaleçam os melhores valores e fatores éticos na hora de superar crises, tomando decisões difíceis e fazendo com que as pessoas confiem cada dia mais em você.

Este livro quer provocar mudanças de comportamento e atitude e, sobretudo, reflexões a partir da visão dos 25 grandes palestrantes que aqui estão. Alguns são autores consagradíssimos, que certamente você irá conhecer e reconhecer. Esta é uma amostra de todo o conhecimento organizado que temos na nossa plataforma educacional, que reúne muitos outros grandes mestres.

A ideia de fazer esta obra veio da possibilidade de transportar o rico conteúdo em vídeo para o formato que imprime mais afetividade em muitas pessoas: o livro. Um livro dá muito trabalho para ser escrito, só quem o faz sabe. Este também, mas veio cercado de muito apoio e prazer. Apoio de todos os conteudistas, sem exceções. Apoio do time da maior editora do Brasil, a Saraiva Educação – Benvirá, que acreditou no projeto e tornou possível a transcrição de horas de conhecimento em texto. Prazer, sem igual, que senti por ser o organizador de uma obra que reúne nomes que admiro, sigo, assisto e convivo nos últimos 30 anos.

Ter agora a missão de conduzir a Netspeakers, como CEO desta jovem empresa, é o que mais me realiza. Estou no mundo das palestras há 21 anos e sem dúvida, esse projeto é o que mais me desafiou, pela complexidade de aproximar tantos nomes de peso, num só local, com uma proposta honesta de levar o que há de melhor em conhecimento para todas as pessoas. O foco da Netspeakers está nas pessoas, não necessariamente nas empresas. As pessoas nos levam às empresas. Os líderes inteligentes enxergam o quão valioso é ter uma plataforma que lhes serve como uma universidade corporativa contínua e atual, com dezenas de professores, conferencistas e palestrantes internacionais.

Este é o primeiro livro de uma série que a Netspeakers vai produzir, organizada com muito cuidado para que você leia, releia, aplique em sua vida e tenha a evolução que merece ter.

Convido você a conhecer a Netspeakers – www.netspeakers.com.br – e a ler este livro inteiramente. Desfrute do conteúdo dos ilustres palestrantes mestres, que certamente vão fazer com que você tenha muito sucesso em sua Jornada de Liderança.

Marcelo Ortega

Prefácio

Nos últimos anos, estamos vendo um aumento substancial na busca pelo tema Liderança. Empresas de pequeno e grande porte e até os empreendedores sabem que este tema é sinônimo de sucesso ou de fracasso. Tanto nas minhas aulas do MBA da FGV como nas dezenas de palestras que realizo todos os anos, tenho a oportunidade de falar com centenas de profissionais, de diversos setores e regiões do Brasil, sobre o engajamento com o/a líder direto e com a empresa na qual trabalham. A análise que fiz é que, apesar de várias pessoas se demitirem por estarem desmotivadas, muitas pessoas se impulsionam e buscam com determinação atingir alta performance pelo seu líder. Isso move um departamento, uma empresa, um mercado e até uma nação.

Este livro, ao reunir grandes especialistas, demonstra que o caminho é árduo, mas que vale a pena. Estes autores, com suas experiências, somam mais de três séculos de conhecimento sobre a arte e a ciência da liderança. Mostram-nos caminhos, estimulam a reflexão, questionam, provocam e melhoram nosso entendimento sobre este assunto tão estudado.

Pelos meus mais de 30 anos de mundo corporativo, posso dizer que tenho certa experiência no assunto, mas a leitura desta obra me fez questionar e rever alguns pontos nevrálgicos, me fez melhor.

Portanto, é importante falarmos sobre isso para ver se conseguimos melhorar tanto o lado da equipe (que precisa muito de uma liderança genuína e contínuos acompanhamentos de performance e feedback) quanto o lado dos líderes (que precisam aproveitar melhor os modelos de gestão, de liderança e assim entender o poder do comando).

Um líder genuíno consegue se adaptar de acordo com o liderado e a tarefa que precisa ser feita. Isso facilita para que todos sejam incluídos, entendidos e desenvolvidos. Parece simples, não é mesmo? Mas acreditem, não é.

Mas fique tranquilo, este livro vai ajudá-lo e muito. É preciso preparo, entendimento, treinamento e conhecimento do que se faz, da equipe que tem, dos objetivos pretendidos e por aí vai.

Vocês viram? Grande parte dos nossos problemas não está lá fora, na concorrência, no mercado, no financeiro e também não é a falta de recursos, até porque sabemos que nunca teremos todos e ideais recursos. O profissional dos novos tempos sabe que precisa fazer mais e melhor com o que tem, portanto, comecemos a melhorar, aperfeiçoar, aquilo que está em nossas mãos e nos mobilizar para que todos caminhem no mesmo propósito, isto é o papel da genuína Liderança.

Ser líder não é fácil, mas o resultado é fantástico: desenvolve pessoas, aumenta resultados e, principalmente, deixa um Legado.

Isso vemos com absoluta clareza na história de vida e nos textos escritos por cada fera aqui presente. Não ao acaso, mas com sabedoria, cada autor nos brinda com reflexões e caminhos que alicerçam os conceitos conhecidos sobre a liderança. Serão algumas horas de leitura que acelerarão a sua carreira de forma ágil, prática e pontualmente eficiente.

Lembre-se dos bons líderes que são referências em sua vida... e se disser que não tem nenhum, neste livro conhecerá muitos. Use-os como exemplo, faça a diferença no seu time e seja para eles a referência que se torna inesquecível em suas vidas.

Torne-se um líder, bom trabalho, ótimos negócios e sucesso sempre!

Cláudio Tomanini

Prof. MBA da FGV, palestrante e escritor

PARTE I
LIDERAR É INSPIRAR

Liderar é inspirar... inspire-se!

Alfredo Rocha

"A humanidade prospera quando líderes fabulosos se fazem presentes."

Liderar é uma questão que vai muito além de mandar ou entregar os resultados. Atualmente, liderar é inspirar as pessoas, para que elas possam externar o melhor de si e, assim, conseguir atingir mais desempenho, performance e propagar excelentes valores e princípios. Aliás, a liderança é o fator decisivo para o progresso da própria humanidade. Digo isso porque, se observarmos com atenção, perceberemos que em todos os momentos que a humanidade evoluiu, havia líderes presentes, seja influenciando, seja inspirando. Seus pensamentos, ideias, atitudes, ações e, principalmente, seu exemplo, estava ali. Tanto positiva quanto negativamente.

Sim, liderar pode ser algo extremamente positivo ou extremamente negativo. A humanidade prospera quando líderes fabulosos se fazem presentes. Assim também é a realidade de um país. Observe uma nação que prospera e tenha certeza absoluta: a liderança desta nação foi decisiva para que isso ocorresse. Afinal, as ideias dos seus líderes, suas escolhas, decisões, atitudes e ações são fundamentais para inspirar uma população, para fazer um país prosperar. Agora, o contrário também é verdadeiro. Quando um país não vai para frente, está faltando a ação da liderança.

Quer ver como isso é verdadeiro? Observe algo mais próximo de cada um de nós: o progresso de uma família. Alguém liderou a sua família, e na sua família você sabe quem é. No meu caso, a primeira grande liderança que tive contato foi minha mãe. Ela liderou sete pessoas: os seis filhos e meu pai. Sim, a líder lá em casa era minha mãe. E como é que ela fez isso? Com os livros que leu? Não, ela nunca leu nenhuma linha de um livro. Com os cursos, faculdades, pós-graduação e doutorado que ela fez? Ela nem sabia o que era isso. Então, como minha mãe liderava? Com os seus valores, princípios e exemplos. Isso também é liderança.

Lembro de que, uma vez, ainda criança, caiu um caminhão de queijo no meio da estrada. Na época, eu morava na cidade de Limeira, interior de São Paulo, em uma casa na roça, e era muito difícil ter este tipo de iguaria na mesa. Desse modo, eu e meu irmão pegamos alguns queijos e levamos para casa. Quando chegamos, nossa mãe nos olhou e perguntou onde tínhamos encontrado aqueles produtos. Assim que narramos o ocorrido, ela exigiu que voltássemos e deixássemos os queijos exatamente onde havíamos encontrado, pois nunca deveríamos pegar algo que não nos pertencia. E assim foi feito.

Minha mãe faleceu aos 93 anos, já faz um bom tempo. Mas de um fato não tenho dúvidas: enquanto eu existir no planeta Terra, ela estará me liderando. Quando vou fazer algo, me lembro dos valores e princípios da minha mãe, e pergunto a mim mesmo: "Será que ela ficaria orgulhosa dessas atitudes, dessas ações?"

Inspiração e respiração: as palavras do líder de hoje

"O sucesso de uma ideia, de um projeto, de uma empresa ou de um país está intimamente ligado à liderança."

As tecnologias evoluíram muito nos últimos 30 anos. Você percebeu como o carro e a tecnologia agregada a ele progrediram? Alguns automóveis são verdadeiros computadores que andam, não é verdade? E o telefone celular, então? Lembra do *design* desse aparelho na década de 1990, quando o usávamos na cintura e ele parecia um cacetete? Veja agora o celular que está na sua mão, que filma, grava, fotografa e traz tantas outras funcionalidades.

É uma pena que o ser humano não tenha evoluído na mesma velocidade das máquinas, pois precisamos evoluir espiritualmente, pessoalmente e socialmente. E o líder tem uma missão decisiva para que isso aconteça. O sucesso de uma ideia, de um projeto, de uma empresa ou de um país está intimamente ligado à liderança. Este é um tema que deveria ser levado para dentro das escolas. Se assim o fosse, certamente teríamos famílias mais bem estruturadas, bem como uma cidade e uma humanidade melhores.

Agora, como é que lideramos? E o que é liderar nos tempos atuais? Primeiro vamos ver o que era liderar no passado e qual era a mentalidade de então. Imagine que você tenha recebido uma promoção. Certamente, a primeira pergunta que os outros fazem é quanto que você vai ganhar a mais. Outro ponto que também está ligado a este pensamento arcaico é: "Vou ser o chefe agora? Cadê a minha sala? E a cadeira que gira? Agora vou trabalhar menos e mandar nos outros". Isso sem falar nessa máxima, que acredito que já tenha ouvido alguma vez: "Manda quem pode, obedece quem tem juízo." Esqueça essa frase! Isso é passado!

Liderar é algo bem diferente. O líder vai ganhar mais sim, mas o salário estará intimamente ligado ao seu desempenho, à sua produtividade, à sua performance como líder. Sabe quem mais trabalha dentro de uma empresa? É o dono e o estagiário. Sim, se você é dono(a) de um negócio, ou pretende assumir um cargo de liderança, já avise o(a) namorado(a) ou o marido e a esposa que agora estará menos presente. Quem não está disposto a colocar a mão na massa não assume cargos de liderança. E se assume, não fica.

Somado a este comportamento, vale lembrar que o líder não manda em ninguém. Se você mandar nas pessoas, provavelmente vai ter um desempenho ínfimo e não vai conseguir entregar os resultados com alta produtividade e performance. Então qual é o grande desafio do líder de hoje? Inspirar as pessoas, formar times, buscar comprometimento. E como se faz isso de forma real? Com suas ideias.

Quando se trabalha com um líder que realmente está sempre se reciclando e aprendendo, não se quer sair de perto dele e nem sair daquela empresa. Agora, quando um líder para de aprender, ele deve também parar de liderar. Sim, inspiro e influencio outros quando estou sempre agindo, buscando aprender e me atualizar, em constante evolução e movimento. As ações e os exemplos são capazes de engajar. Mas, para que haja o engajamento é fundamental fazer uma excelente gestão de pessoas. Não basta só entender o mercado, o negócio ou o seu departamento. Precisamos hoje formar times, porque as pessoas não nascem prontas.

> "Quem não está disposto a colocar a mão na massa não assume cargos de liderança. E se assume, não fica."

Abraham Lincoln, ex-presidente dos Estados Unidos, disse uma vez uma frase emblemática: "A maior habilidade de um líder é desenvolver qualidades extraordinárias em pessoas comuns". Se você acha que vai contratar um super-homem ou uma Mulher Maravilha, sinto informar, mas isso não vai acontecer. Você vai encontrar pessoas simples como eu, como você, mas que podem ter as suas habilidades e talentos desenvolvidos. E ajudar as pessoas a serem ainda melhores, com treinamento, conscientização, motivação e atitude também é a missão da liderança.

Seja o líder que o momento exige

César Souza

Um dos livros de minha autoria tem como título *Seja o líder que o momento exige*. E é este o tema que abordarei aqui nas próximas linhas. Isso implica ser inspirador, transformador e fazer a diferença. Na verdade, deste profissional espera-se não só a indicação da outra margem do rio aonde se pode chegar, mas também que ajude a construir a ponte e mobilize as pessoas para fazer a travessia. Portanto, o líder precisa entender sobre como construí-las e atravessá-las. E nessa hora, alguns líderes são até muito bons no papel de construtores, mas pecam na condução da travessia, e vice-versa.

Dividi esta conversa em três partes. Nesta primeira, vou falar de cenário. Afinal, que momento é esse que está exigindo um tipo de líder bastante diferente daquele que nós historicamente estamos acostumados? Na segunda, apresentarei as cinco forças do líder inspirador, aquelas que realmente alavancam, que fazem a pessoa comum se transformar em uma figura excepcional. Depois, elencarei algumas atitudes que considero essenciais em um líder que inspira, como por exemplo a autoliderança. Além disso, farei algumas provocações que servirão como pontos de reflexão sobre a questão do líder que precisamos agora, e que o futuro exigirá cada vez mais.

O cenário de atuação do novo líder

Comecemos então analisando o momento dramático pelo qual estamos atravessando e que está exigindo um tipo de liderança muito diferente daquele que estamos acostumados. Esta é uma época que tem produzido profundas transformações sociais e geracionais, na natureza e no modelo dos negócios. Mudanças também nos hábitos dos consumidores, que passaram a ser muito mais exigentes e a apresentarem novas necessidades. Vimos ainda as inovações tecnológicas contribuírem para o surgimento de aplicativos disruptivos, que alteraram nossa maneira de se relacionar com o mundo; e empresas tradicionais desaparecerem do dia para a noite, pois foram pegas de surpresa por não estarem preparadas para estes novos tempos.

Veja o exemplo das companhias focadas no varejo com "a barriga no balcão", que não se atentaram ao cenário que já se anunciava, independentemente da pandemia. A isso se juntou a Covid-19, que acelerou tudo. Foi como uma ventania que passou em nuvens carregadas que já existiam no horizonte empresarial. Assim, a vida de várias empresas foi afetada. Mas, quando a tempestade passou, percebeu-se que, apesar dos estragos, acelerou-se o futuro, as transformações digitais e o momento trouxe bonança para uma série de outras empresas, como as da área de telemedicina, educação digital, logística, *e-commerce*, *delivery* e tecnologia, entre outras.

Dos líderes das organizações mais afetadas, é requerida muita coragem para fazer as coisas acontecerem e alta capacidade de superação diante da luta pela sobrevivência. Destes foram exigidos competência de gestão de custo, assertividade para fazer o *turnaround* e mudanças dramáticas mesmo em um cenário de bastante incerteza. Já no lado oposto, de prosperidade, um outro tipo de liderança é necessário. São empresas do tipo que apostam mais na expansão e nas oportunidades para diversificar e fazer crescer o negócio, na ocupação de novos nichos de mercado e de novos espaços.

"Não podemos dirigir nossas empresas vislumbrando o espelho retrovisor, com nostalgia de um passado que não existe mais."

Perceba que são tipos de líderes diferentes, mas criados por uma mesma situação, que, para alguns, transformou-se em um desafio indigesto, enquanto, para outros, gerou oportunidades de expansão. São perfis distintos, mas agindo dentro do mesmo cenário. Mas, independentemente do tipo, ambos têm de olhar para o futuro. Não podemos dirigir nossas empresas vislumbrando o espelho retrovisor, com nostalgia de um passado que não existe mais. Não podemos ficar nos queixando da situação presente, nem tampouco nos vangloriando porque o cenário está mudando positivamente no momento. É preciso olhar para frente, dois, três, cinco, dez anos adiante e construir, ou reconstruir, um novo patamar, tendo em vista as novas necessidades.

Mas, seja qual for o cenário, de calmaria ou turbulência, líderes precisam ser reinventados. Os essenciais são aqueles que olham realmente para além do agora, que conseguem superar as adversidades do presente e, ao mesmo tempo, construir um passaporte para o futuro. É preciso, como disse no começo, saber construir a ponte, mobilizar todos para fazer a travessia e indicar o lugar onde a empresa, as pessoas e a comunidade precisam chegar.

Tais transformações têm sido dramáticas à própria liderança. Estas têm mudado muito o perfil, as competências, as habilidades e as atitudes necessárias para que um líder seja realmente um vencedor. Estamos diante de um momento em que é preciso se reinventar, fazer um "reset" mental. Não adianta ficar apegado a dogmas ou verdades, a certas teses e ideias que foram úteis para um determinado cenário, mas que já não servem mais. A realidade agora é outra! Daí a nossa necessidade de reinvenção, em todas as dimensões da vida onde exercemos o papel de liderança.

Cinco forças de um líder realmente inspirador

> "Uma vida sem propósito é uma experiência pobre, e a vida é muito curta para ser pequena."

Nesta segunda parte vou apresentar o que considero as cinco forças de um líder inspirador. A número 1 é a força do propósito. É fundamental que defina com a sua equipe o propósito, seja da empresa, da unidade de negócio, da área funcional ou do grupo como um todo. O líder precisa definir com clareza qual é o motivo do negócio. E a razão de ser da empresa deve ser a razão de ser de seus colaboradores. Então, qual é o seu propósito de vida? É importante ter isso claro, afinal de contas, uma vida sem propósito é uma experiência pobre, e a vida é muito curta para ser pequena.

A segunda força é a capacidade que um líder inspirador tem de formar outros líderes: ser líder de líderes. Entenda este papel de formação e capacitação. E isto não tem nada a ver com conseguir seguidores. Isso é muito bom nas redes sociais. Portanto, a liderança realmente competente e eficaz é aquela que deixa como legado a existência de outros líderes, e isso faz com que a empresa seja longeva e autossustentável.

A terceira força é gerar e construir resultados surpreendentes. Tenha em mente que não existe liderança sem resultado. Sendo assim, é importante que se tenha isso como foco. Não se trata aqui simplesmente de números, faturamento, rentabilidade, lucro, ou montante no caixa. Estou falando, também, de resultados qualitativos, que dizem respeito ao entusiasmo das pessoas em fazerem parte de sua equipe; da satisfação dos clientes de o terem como fornecedor; ou da receptividade da comunidade por reconhecer os benefícios que sua empresa gera.

"A liderança realmente competente e eficaz é aquela que deixa como legado a existência de outros líderes."

Tem uma quarta força também bastante importante que é a capacidade de liderar em 360 graus. Muitos líderes acham que sua missão é apenas com aqueles que estão subordinados a eles, abaixo na hierarquia. Mas, na verdade, têm de liderar para os lados. Neste caso, me refiro aos seus pares; para cima, às vezes, o próprio presidente da organização, do conselho de administração, os investidores; e para fora das paredes da empresa, liderando clientes, parceiros, formadores de opinião e comunidade. Ou seja, a ação do líder não se estende somente à sua equipe. O líder com L maiúsculo vai muito além, por isso o chamo de líder 360 graus.

Por fim, a quinta força, que é a capacidade de inspirar pelos valores, e não apenas em função da hierarquia ou carisma. Que valores são esses? Falo de respeito, transparência, ética, integridade e inovação. Só para ficar no primeiro deles, respeite as demais pessoas, respeite o cliente. Portanto, pratique estes valores e busque estas cinco forças, pois elas distinguem os verdadeiros líderes – inspiradores e eficazes – de outros nem tanto assim.

Seja o exemplo

Nesta terceira e última parte, elencarei um conjunto de atitudes que considero fundamentais para sermos de fato o líder que o momento está exigindo. A começar que não é hora de ninguém se esconder, mas de mostrar protagonismo, elevada capacidade de inovação, de ter postura de dono e muita inteligência emocional. Tão importante quanto ser um líder agregador, que busca encorajar os demais a se superarem, é fundamental ser resiliente, esta capacidade de se adaptar às adversidades e às mudanças. Outra coisa: ao líder não pode faltar coragem e, muito menos, deixar de ser exemplo para os outros do conjunto de atitudes que apresentei aqui.

E, antes de terminar, preciso ainda falar da importância da autoliderança, um calcanhar de Aquiles à maioria dos líderes. Conheço muitos profissionais competentes que perdem o jogo por não conseguirem liderar a si mesmos. Significa, por exemplo, que não fazem a gestão do tempo, falta-lhes inteligência emocional, sentem-se não realizados profissionalmente e não valorizam a coerência entre o que dizem e o que fazem. Isso acaba os levando à perda de legitimidade. Portanto, nunca é demais repetir: antes de pretender liderar os outros, aprenda a liderar a si próprio.

> *"Tão importante quanto ser um líder agregador, que busca encorajar os demais a se superarem, é fundamental ser resiliente."*

Líder nexialista: o profissional do futuro, é de quem precisamos neste momento

Edgar Ueda

Você já ouviu falar do termo nexialista? Por acaso, o que seria um líder nexialista? Esse é o novo conceito de liderança que quero apresentar. Antes, permita-me introduzir a origem deste neologismo, indo ao passado para voltar ao momento em que estamos. Segundo a concepção atual, o líder nexialista é aquele que performa em todos os ambientes. Ele não é um generalista, muito menos um sabe-tudo ou grande especialista, mas é alguém que faz as conexões certas, sabendo onde buscar ajuda para resolver os problemas com os quais se depara no seu dia.

O termo foi cunhado pelo escritor de ficção científica canadense AE van Vogt, tendo como base a palavra "nexo", que significa conexão. No seu livro *Voyages of the space beagle*, publicado em 1950, ele criou um protagonista que tinha a habilidade de unir, de maneira ordenada, o conhecimento de vários campos de aprendizagem. Numa espaçonave cheia de cientistas, este nexialista era inicialmente desprezado pelos seus pares. No entanto, por conta de suas habilidades de fazer as conexões entre múltiplas disciplinas, de unir pessoas diferentes em torno de problemas complexos e de saber onde buscar as respostas que precisava, acabava sempre salvando o dia. Assim conquistaria por fim o respeito e reconhecimento dos seus colegas.

Nas organizações atuais, o líder nexialista é o profissional polivalente, que agrega seus conhecimentos gerais e, consequentemente, possui uma visão ampliada do time, que vai além do saber puro e simples. Ao mesmo tempo, é aquele que não trabalha sozinho, que sabe juntar as peças ideais, formando uma equipe diversa e com diferentes competências. No cotidiano, consegue captar, extrair e provocar mudança na vida dos colaboradores ou no ambiente que atua, entendendo melhor seus liderados, praticando a empatia e tendo uma escuta ativa para com eles.

Bons líderes formam bons times

O líder nexialista é muito mais do que um profissional de alto desempenho, mas alguém que consegue criar e liderar times de alta performance. É sobre isso que quero aprofundar aqui. O que mais vejo em grandes corporações é a dificuldade de se montar times que consigam de fato performar como uma unidade. Evidentemente que há profissionais que têm a sua própria individualidade e que se destacam por serem o que são e por entregarem o que entregam. Mas para que uma empresa cresça de fato e crie negócios exponenciais, o bom líder precisa formar um bom time. E é imperativo que as organizações tenham competências adequadas em cada um dos seus ambientes. Do vendedor, por exemplo, espera-se a habilidade de comunicar, negociar, persuadir e vender. Mas, acima de tudo, ele precisa ter essa mentalidade de que está conectado a uma máquina ainda maior, pois a venda nunca para de acontecer. É algo permanente.

> "O líder nexialista é muito mais do que um profissional de alto desempenho, mas alguém que consegue criar e liderar times de alta performance."

Ao mesmo tempo, como identificar as pessoas corretas para colocá-las na posição correta? Esse é o grande desafio de toda liderança. Por isso que o líder precisa ter alguns atributos, como boa leitura da realidade e um bom entendimento sobre mentalidade e comportamento. Bato muito nesta tecla porque isso mudou a minha vida, assim como a realidade de toda a minha organização e dos negócios. Atualmente, não mais contrato uma pessoa simplesmente pelas suas *skills* ou competências. Contrato pela sua mentalidade e comportamento. A técnica é muito fácil de ensinar, mas mentalidade ou comportamento demanda muito investimento. Abaixo destaco algumas situações para que você, caro leitor, identifique se tem sido um líder nexialista. E se você ainda não é, como pode se transformar neste tipo de liderança, tão essencial para os dias de hoje e do futuro.

A primeira qualidade de um bom líder nexialista é a capacidade de motivar com base na clareza e objetividade. A segunda é a inspiração a partir do seu próprio exemplo, não sendo aquele que só manda fazer, mas ele próprio vai lá e executa. Ele desperta seus liderados, de modo que o time consiga performar não apenas em um dia da semana ou tão somente quando se está próximo de bater a meta, mas todos os dias. Neste desafio permanente, este tipo de líder provoca mudanças na vida daqueles que estão ao seu redor, sendo o poder de transformar pessoas sua terceira qualidade.

Ele valoriza a importância dos programas de treinamento e desenvolvimento permanente. Por este aspecto, é uma visão que se aproxima à do *Kaizen*, palavra que resume uma filosofia de negócios japonesa e que significa "melhoria contínua" ou "mudança para melhor". Sob esta influência, precisamos estar em constante movimento e treinamento, para que o hoje seja melhor do que ontem e o amanhã melhor do que hoje. Outro termo inglês, *lifelong learning*, que pode ser traduzido como "aprendizagem ao longo da vida", "aprendizado continuado" ou mesmo "educação continuada", traduz bem o espírito destes novos tempos em que novidades parecem já nascer obsoletas. Portanto, o único remédio é jamais deixar de aprender, com treinamento e desenvolvimento para o resto da vida e a vida toda.

O líder não se vitimiza nem se omite

A motivação só é possível quando se consegue identificar o verdadeiro anseio dos colaboradores. Tenha certeza de que existe um grande motivo para alguém estar na empresa em que se encontra e, acredite, não é exclusivamente financeiro. Já a inspiração vem do líder que estende a mão e que não assiste a tudo à distância, sentado confortavelmente na sua cadeira e preso em seu escritório. Contra esta postura, os americanos criaram o estilo de gestão empresarial que foi batizado de Management by Walking Around (MBWA). Sem tradução de consenso no português, a expressão pode ser muito bem identificada por "gerenciamento caminhando pela empresa". Refere-se a um modelo em que o líder anda pelo local de trabalho, observando seus colaboradores e se revelando acessível, indo contra a ideia do gerente/supervisor convencional, que fica no seu escritório à espera de relatórios para saber o que está acontecendo.

> "O bom líder é, acima de tudo, um sujeito empático. É o que consegue se despir dos seus próprios sapatos e calçar aqueles pertencentes ao seu liderado."

Grandes corporações têm aplicado o MBWA, como HP, Walmart, Disney, Ambev e Magazine Luiza. É uma metodologia que funciona ao revelar o quão eficaz é o líder acompanhar e monitorar sistematicamente o que acontece no seu entorno e indicar caminhos. Este é o líder nexialista, aquele que tem uma visão 360 graus ampliada, e assim consegue ver além. Ele tem um olhar mais aguçado, porque olha de cima para baixo. Nesta condição, vê mais longe, vislumbrando o todo a todo momento, entre todas as áreas. Traduzindo em miúdos, consegue obter um *feedback* de tudo o que está acontecendo dentro da organização, de forma sistemática.

Mas nunca é demais destacar: o bom líder é, acima de tudo, um sujeito empático. É o que consegue se despir dos seus próprios sapatos e calçar aqueles pertencentes ao seu liderado. Afinal, não são todos os dias que todo mundo está motivado, inspirado ou afeito a realizar façanhas extraordinárias. Portanto, aprender a ouvir, a sentir, a se colocar no lugar do outro faz toda a diferença para você, como líder, criar uma conexão diferenciada com aquele a quem lidera. É assim que age o nexialista, assumindo seu papel e não se omitindo.

Ele é consciente de que é o responsável direto pelas realizações de toda sua equipe e que é corresponsável por tudo o que acontece, inclusive os erros. É assim que sente quando o time não está performando bem ou batendo as metas estipuladas. Esse entendimento da responsabilidade e da corresponsabilidade faz toda a diferença, pois ele não se vitimiza ou terceiriza o que é de sua alçada. Aqueles que têm qualidades como estas são, com certeza, fora de série e fazem com que suas organizações criem negócios exponenciais. Por isso digo que o líder nexialista é o profissional do futuro e – já posso falar com muita precisão – é de quem precisamos neste momento.

Liderança é uma conquista: conquiste a sua agora

EDUARDO TEVAH

Sabia que nenhuma empresa do mundo tem o poder de conceder liderança a alguém? Ela pode atribuir ao seu colaborador hierarquia, autoridade e poder... mas quem o certifica como líder, de fato, são as pessoas que ele coordena e que estão abaixo dele, não a empresa. Por isso que eu sempre digo: liderança é uma conquista! Já treinei milhares de líderes ao longo da minha carreira de palestrante, consultor e empresário, tanto no Brasil quanto nos Estados Unidos. E de um fato tenho certeza: você só se torna um verdadeiro líder quando conquista sua equipe.

Mas como saber se tenho liderança? E como descobrir se um funcionário que hoje ocupa um cargo relevante na minha corporação exerce com maestria a liderança? Muito simples: procure a equipe dele, seja por meio de um questionário anônimo, seja a partir de uma conversa informal, e pergunte a estas pessoas se elas sentem que estão aprendendo com seu superior ou se este o inspira a fazer o seu melhor. Verifi-

> “Você só se torna um verdadeiro líder quando conquista sua equipe.”

que também se cada um tem recebido *feedbacks* assertivos e críticas construtivas para melhorar e evoluir.

Quando você ouve as pessoas, além de conquistá-las, adquire a verdadeira liderança. Afinal, para ser líder, é preciso ter humildade, porque conquistar as pessoas é, acima de tudo, um ato de amor, de fazer florescer o melhor do seu lado humano. São estas qualidades que fazem com que as pessoas queiram realmente estar perto do seu líder.

E como exercer a liderança e instigar nas pessoas o seu melhor? Eis uma dica 100% prática. Imagine a seguinte situação: um colaborador que trabalha na área que você coordena não conseguiu ainda trazer à tona todo o seu potencial. Você sabe que ele pode mais, contudo, os resultados ainda não estão acontecendo. Uma estratégia para destravar este impasse é marcar uma reunião com este colaborador e dizer: "Quando o contratei, tive a certeza de que você tinha todas as qualidades para ser um dos melhores profissionais da nossa empresa e entregar resultados extraordinários. Mas, falando francamente, até agora isso não aconteceu. Por isso, quero lhe fazer uma pergunta: O que eu poderia fazer para ajudar você a transformar todo o seu potencial em realidade?"

"Para ser líder, é preciso ter humildade, porque conquistar as pessoas é, acima de tudo, um ato de amor."

Perceba que, agindo dessa maneira, você não está fazendo uma cobrança. Você está sim, dizendo a verdade, ao mesmo tempo em que está se colocando à disposição para ajudá-lo a conquistar grandes resultados. Após este bate-papo, há duas possibilidades: a primeira é que ele diga que precisa de mais treinamento, apoio e ajuda, por estar se sentindo um pouco perdido. A segunda é o colaborador chegar à conclusão de que realmente ainda não fez o seu melhor, por não ter se dedicado por completo. Independentemente de qual das duas direções a conversa tome, neste momento, você vai trazer para o seu grupo uma pessoa com um novo potencial de trabalho, capaz de entregar resultados animadores. Isso porque liderança é realmente a arte de conquistar as pessoas que trabalham com você. Aliás, o conceito da própria palavra está vinculado a algo muito importante: construir um sentimento de equipe entre as pessoas que trabalham na sua área.

Trabalhe em equipe e se surpreenda com os resultados

Agora tenho uma pergunta para lhe fazer: Quem trabalha com você hoje? Um grupo ou uma equipe? Você sabe qual a diferença entre um termo e outro? Sabia que ambos os sentimentos fazem total diferença dentro do universo corporativo? Quando se atua em grupo, cada pessoa faz o seu trabalho da melhor forma possível. E quando em equipe, além dessa busca de cada um em oferecer o seu melhor, existe a vontade e disposição de ajudar os colegas em tudo que puder, pois um está preocupado com o resultado do todo. Quando se consegue criar um sentimento de equipe, em que um começa a ajudar o outro, um apoia o outro, em que aquele que sabe mais ensina o que sabe menos e o que tem mais experiência mostra os caminhos para quem é mais jovem, a competição naturalmente diminui e aumenta o sentimento de cooperação entre as pessoas. Gerar este tipo de movimento entre os colaboradores só é possível pela capacidade do líder de criar um espírito de corpo, um sentimento de equipe entre todos que trabalham na sua área.

Quer mais uma dica sobre como conquistar as pessoas? Aprenda a ouvi-las. Já pensou se a sua empresa fosse fruto das suas ideias e das suas convicções, aliado às ideias de todas as pessoas que trabalham dentro dela? O executivo americano John Frances Welch Jr., um dos principais visionários do mundo da liderança, conta em um dos seus livros, chamado *Paixão por vencer*, que um dia, enquanto caminhava pela fábrica de turbinas de avião da General Electric, foi abordado repentinamente por um operário, que lhe disse o seguinte: "Durante 30 anos da minha vida vocês me pagaram para estar aqui com o corpo inteiro, mas infelizmente usaram somente os meus braços. Durante 30 anos vocês quiseram um operário. E eu fui. O que vocês não sabiam é que meu cérebro vinha de graça. Eu tinha tantas ideias, eu vi tantas coisas aqui que podiam ser melhoradas, mas, infelizmente, nunca ninguém quis me ouvir."

"As pessoas só são engajadas no lugar onde são ouvidas. Ninguém faz o seu melhor no lugar onde não se importam com a sua opinião."

Quando me deparei com esta passagem, confesso que parei para refletir. Na época, eu estava à frente de um grupo de mais ou menos 700 colaboradores e me dei conta de uma coisa: muitas vezes também usei somente os braços das pessoas. Por que não ter a humildade para ouvi-las e reuni-las para pedir ideias e sugestões? Se passar a agir assim, construirá resultados extraordinários. Vão aparecer contrapontos, vão aparecer aperfeiçoamentos e talvez esta união permita o surgimento de uma ideia com muito mais chance de execução. Isso porque você vai ter acesso a pessoas que, por vezes, estão lá na ponta, lidando diretamente com o problema que você está pensando, mas talvez você não tenha visto por aquela ótica. Ou seja: a sua área pode ser a sua inteligência ou a soma da sua inteligência com a de todos que trabalham ali.

Acredite: as pessoas só são engajadas no lugar onde são ouvidas. Ninguém faz o seu melhor no lugar onde não se importam com a sua opinião. Por isso, escute as pessoas! Isto não significa que você vai seguir integralmente a orientação delas, mas sim que pode somar experiências e conhecimentos, alcançando dessa forma resultados memoráveis. O grande guru especializado em prática de gestão de negócios, Tom Peters, autor do livro *Vencendo a crise*, disse em determinada ocasião: "O problema de muitos líderes é que eles se apaixonam demais pela própria voz e têm sempre certeza, têm sempre razão, têm sempre a opinião certa". Portanto, tenha humildade para escutar as pessoas. Uma coisa é cada um seguir o projeto que você escreveu ou a ideia que você teve. Outra circunstância totalmente diferente é as mesmas pessoas executarem um projeto a respeito do qual puderam opinar.

Como conquistar pessoas

Há algum tempo fui fazer um trabalho em um órgão ministerial de Brasília, que estava lançando o seu planejamento estratégico. Quando cheguei no auditório para dar a palestra, disse a um dos organizadores: "Está todo mundo desmotivado com este planejamento estratégico porque ninguém foi ouvido. O ministro chamou um ou dois assessores e simplesmente jogou goela abaixo o planejamento estratégico. Ninguém aqui pôde opinar e muitos sabem que têm diversas ações ali que não vão funcionar". Infelizmente, aqueles que poderiam dar opiniões relevantes não foram ouvidos. Mais um exemplo real de que este tipo de ação não é eficaz.

Quer conquistar as pessoas? Fale menos e faça mais. Nesse novo mundo só vai sobreviver um tipo de liderança: aquela exercida pelo exemplo. Portanto, vá na frente, mostre como se faz! Quer mais uma dica para conquistar a sua equipe? Comemore as vitórias! Isso mesmo! Reúna a equipe e celebre. Aprenda a festejar as vitórias, como o fechamento de uma grande meta, a conquista de uma conta importante, o recebimento de um elogio do CEO da companhia ou lançamento de um novo produto com tremendo sucesso. Diga ao grupo: "Eu quero agradecer a todos pela dedicação, pois só conseguimos alcançar este resultado porque temos pessoas extraordinárias como vocês, que trabalham conosco. Esse bolo que estamos degustando aqui, juntos, não é uma simples guloseima, mas é o bolo da vitória, e é só para demonstrar que trabalho fantástico vocês fizeram e expressar que eu tenho um orgulho extraordinário de trabalhar com pessoas tão incríveis quanto vocês".

Quando você expressa o seu melhor lado humano, bem como a gratidão, quando une e cria um sentimento de equipe em busca de um resultado em comum, a vitória acontece. Sim, liderança é uma conquista! E se você conquistar sua equipe, não importa onde esteja, e nem em que empresa trabalha, os resultados com certeza vão ser extraordinários. Mais do que nunca, a liderança tem, além da competência técnica, a competência humana e interpessoal. A verdadeira liderança é aquela que tem a adesão, engajamento e comprometimento. E esta, poucas pessoas conseguem. Então, seja o próximo e desfrute dos resultados!

Os quatro tipos de líderes: quem é você na fila da liderança?

Jober Chaves

A liderança é um chamado. Uma importante lição que aprendi com meu mentor é que metade do mundo está esperando a outra metade se levantar e liderar. Mas, não nascemos prontos e nunca estaremos prontos para esta convocação. Um dos maiores exemplos da história de chamado à liderança remete a José, aquele jovem hebreu do Antigo Testamento, que tem sua trajetória registrada na Bíblia e que, de tão popular, ainda hoje é tema de filmes, animações da Disney, musicais, livros e protagonizou até mesmo uma minissérie brasileira.

Contudo, antes de se tornar um ícone em autoridade e influência, José estava tão perto de ser líder quanto o dia da noite. Até então, ele era simplesmente um menino mimado, fofoqueiro e o preferido do seu pai, Jacó. Mas, o que aconteceu ao longo da vida dele, que iniciou como pastor de ovelhas e passou a governador do Egito, serve de exemplo para nós ainda hoje.

Afinal, quando se recebe o chamado à liderança, a vida irá se levantar contra você. Primeiro, testará seu caráter para construir a sua fé e, principalmente, para escrever sua história. Essa provação se faz necessária para que seja certificado que você está preparado para seguir adiante. Se a resposta for sim, você precisará ser forjado para desempenhar este novo papel, assim como aconteceu com José, que foi traído e preso até se transformar no líder que viria a se tornar.

Importante ressaltar que cada um tem a sua história e não será preciso que ninguém passe por tais provações. Entretanto, certamente aquele que ouvir o chamado à liderança está destinado a passar por duros desafios. Talvez tenha de viver um tipo de traição ou prisão diferente daquela experimentada por José, mas, por se tratar de um processo de construção de atitude e identidade, é preciso entender que essas situações vão acontecer.

Com base no meu próprio exemplo, jamais imaginei ser convidado para fazer palestras, de atingir milhares de pessoas ou de ter profissionais vindos de longe só para falar comigo. Em uma destas situações, por exemplo, um mentorado pegou uma motocicleta no Sul do País e veio até São Caetano do Sul, na Região Metropolitana de São Paulo, onde moro, só para ficar uma hora comigo. Depois, pernoitou na cidade e retornou no dia seguinte.

Hoje, se me perguntarem: "Foi fácil para você a construção desta jornada?", pode apostar que não foi. Tive de passar e me libertar de minhas prisões. Quais foram as minhas prisões? No meu caso, a prisão da pobreza e das dívidas. Quando

"Aquele que ouvir o chamado à liderança está destinado a passar por duros desafios."

comecei a minha jornada rumo à liderança, era *pobre, pobre, pobre de marré, marré, marré*! Mas eu cheguei lá e alcancei o que convencionamos chamar de sucesso. Depois, coloquei minha vida no piloto automático e, zás, desci. Quando me dei conta, estava devendo mais de 1 milhão de reais. "Como você conseguiu esta façanha, Jober?", "Isso é dinheiro para se ganhar ao longo de uma vida inteira.". Eu sei disso! Assim, tive de aceitar novamente o chamado à liderança. Reconstruí-me mais uma vez, forjei o meu caráter e mostrei para o mundo (e para mim mesmo) do que eu era feito. Só depois disso, enfim, pude seguir a minha jornada.

O líder autoritário

Existem quatro tipos de liderança. Evidentemente, uma delas é melhor e mais desejável, mas não vá achando que somente esta ou aquela servirá para todas as circunstâncias. Na verdade, todas são importantes e úteis em determinados momentos.

Vamos começar falando daquela que considero o pior tipo, que é a liderança autoritária, que pode ser muito bem resumida na popular expressão "manda quem pode, obedece quem tem juízo." Como disse, mesmo esta tem a sua utilidade em casos específicos. Mas quando exercida em longo prazo acaba dificultando o desenvolvimento dos liderados. É baseada na força, na imposição da autoridade ou no poder financeiro. Isso pode ser facilmente ilustrado usando como exemplo um ambiente familiar convencional, em que o pai é o provedor e exerce sua liderança sobre esposa e filhos, tendo como base o dinheiro que ganha e sua força física. Ali vigora a lei do mais forte ou do quem tem mais pode mais e chora menos. No entanto, o dia em que este ficar desempregado e perder sua renda, ou quando os filhos crescerem e se tornarem fisicamente mais fortes do que ele, esta "legitimidade" será questionada e aquela família tende ao rompimento.

Famílias se acabam assim, quando a liderança é baseada em algo que não tem valor em longo prazo. Mas, como já disse logo acima, este tipo de liderança precisa ser utilizado em determinadas condições. Quando seu filho, em sendo uma criança, está prestes a atravessar a rua sozinho e sem noção do perigo, não se pode ir tranquilamente até ele para explicar o que é liderança participativa. Aqui só há uma coisa a se fazer, que é berrar com toda força: "Pare!", "não!" ou outra palavra de ordem similar. Nesta situação, é preciso fazê-lo obedecer no grito. É preciso ter voz de comando.

Às vezes, até na empresa se faz necessário dizer "chega" ou "acabou" sem explicar o porquê. Há determinados momentos em que tudo está em risco e não é o momento de se fazer um discurso. Em cenários deste tipo, você tem de ter uma palavra que determine que aquilo cesse. Mas, lembre-se, tem sua utilidade, contudo é preciso que se recorra a ela apenas por período muito curto. Do contrário, produzirá o pior tipo de liderado e acabará sendo ruim também para o líder.

O líder paternalista

"Não se preocupe, eu faço por você!". Essa é a frase característica de um líder paternalista. É outra forma de liderança que impede que os liderados se desenvolvam e cresçam. Pais fazem muito isso pelos filhos. Há inclusive um grupo de homens e mulheres adultos que se recusam a envelhecer. Estes são identificados pela sigla em inglês ABDL (Adult Baby Diaper Lover ou Bebê Adulto que Ama Fralda) e habitualmente usam fraldas e mamadeiras. Num outro campo, há pessoas de 25, 30, 40 anos que continuam a dormir com os pais. E isso acontece não por culpa dos filhos, mas dos líderes, que permitiram que tal abuso persistisse. Portanto, chega uma hora que é preciso dizer que aquilo acabou e dar um basta.

Os pais contribuíram decisivamente para construir uma pessoa com deficiência. Existem aqueles que nascem com (ou desenvolvem) limitações físicas, intelectuais e sensoriais, o que representa um grande desafio. No entanto, há pais que não lidam com esta realidade mas que, por outro lado, por suas ações ou omissões, conseguem transformar seus filhos em um novo tipo de deficiente. Independentemente destes exemplos, também existem momentos em que é preciso adotar uma postura paternalista. Se seu filho de cinco anos reclamar de fome, você não pode simplesmente falar para que ele "vá preparar sua própria comida". O mesmo vale para quando novos colaboradores estão chegando à empresa. Mas, de novo, isso se deve dar por um período limitado e de curto prazo.

O líder motivacional

Motivação é essencial dentro de qualquer organização. O líder motivacional é, como o próprio nome sugere, aquele entusiasmado, que motiva os demais integrantes do time ou da equipe. Tem tanta energia que é capaz de colocar todo mundo para cima. Qual é o desafio deste tipo de liderança? Um dia este líder chega cabisbaixo ou de cara feia e as pessoas do seu entorno olham e ficam preocupadas. Ele vai para a sala e não fala com ninguém. Os colegas assistem àquela cena e não têm dúvida: "A empresa vai falir!".

"Se a motivação é a base de sua liderança, é preciso se preparar, porque haverá dias em que você não estará tão alto-astral."

O clima fica ruim, a tensão se espalha. Até que alguém tem a coragem de ir até ele e perguntar: "O que de ruim está acontecendo? O mundo vai acabar? A empresa vai fechar?". E ouve como resposta: "Não é nada disso! Simplesmente estou com uma bolha no pé que está doendo muito". Este é o desafio deste tipo de líder: ele precisa estar motivado todo o tempo. Esta é uma liderança positiva e exige que se cuide bem dos sentimentos e das emoções para que se esteja sempre bem diante da equipe. Isso é maravilhoso. Mas se a motivação é a base de sua liderança, é preciso se preparar, porque haverá dias em que você não estará tão alto-astral, uma vez que não é possível estar motivado todos os dias, o tempo todo.

O líder inspiracional

Este é o melhor líder. Ele está sempre inspirando as pessoas de dentro para fora a dar o melhor delas mesmas. Esse tipo de liderança é o mais difícil porque é preciso aprender a estar sempre inspirando a si mesmo, uma vez que cada um só dá aquilo que tem. Portanto, na condição de líderes, precisamos tirar sempre o melhor de nós e olhar para as outras pessoas para que elas possam fazer o mesmo.

Para alcançar a liderança inspiracional deixo três breves recomendações. A primeira é: escreva suas metas. Líderes que têm suas metas registradas por escrito sempre vão mais longe do que os demais. A segunda é: transforme seu celular na sua universidade do sucesso. Leve-o para onde você for. Mas acredito que você já faça isso. Então só falta um complemento e gostaria que assumisse este compromisso: "parado, lendo; andando, ouvindo". Portanto, estude mais e, além disso, respeite sua conta bancária emocional.

Esta importante conta tem de estar necessariamente com superávit. Isso requer impedir a entrada de emoções negativas e, conscientemente, adicionar as positivas. Eis a minha grande especialidade e foi no que trabalhei mais arduamente na minha jornada, quando atendi o chamado à liderança. Mudei o saldo da minha conta bancária emocional e os resultados se transformaram com muita velocidade. Deste modo, saí da pobreza para me tornar um profissional bem-sucedido, que vendeu mais de 50 milhões de reais apenas pela internet (sem contar o físico). Acredite, o mundo está esperando também pela sua liderança e, se atender a essa convocação, duas coisas vão acontecer: sua vida será muito melhor, em um nível que não pode nem imaginar; e, mais do que isso, o mundo estará melhor por causa da sua decisão. E se de tudo que aqui escrevi quiser guardar apenas uma certeza, anote aí: o melhor ainda está por vir!

> "Líderes que têm suas metas registradas por escrito sempre vão mais longe do que os demais."

Grandes líderes criam novos líderes

José Luiz Tejon

O mundo é movido por lideranças. E líderes existem para fazer o que tem que ser feito... e não para executar o que as pessoas querem. Não é à toa que sempre digo que liderar é uma arte e, como tal, levamos uma vida inteira para aprender esta técnica. O líder está a serviço de uma causa. É ela que o move, acima de tudo, e o impulsiona a agir. Em muitos momentos, para atingir o objetivo final, ele terá de falar com pessoas que não gostaria, ir aonde não desejaria, agir de forma diferente ao que havia pensado e aprender a se adaptar a diferentes situações. Faz parte do processo. A causa é o grande motivo pelo qual vale a pena viver, liderar e conduzir a equipe com propósito.

E como saber se você é um líder nato? Verifique sua agenda! Se ela está a serviço de uma causa, você é um líder. Agora, se você coloca a causa a serviço da sua agenda (seja ela empresa, profissão, família ou qualquer objetivo que entenda como tal) você não é um líder. É importante que na liderança você tenha sempre o símbolo. E eu considero o cálice o maior símbolo da liderança, pois remete a Jesus

Cristo. Quando ele foi tentado a não fazer o que tinha de fazer, a vivenciar o calvário e o sacrifício, ele disse: "Pai, se for possível, afaste de mim esse cálice... no entanto, que seja feita a Tua vontade."

Agora eu lhe pergunto: qual é o seu símbolo? O símbolo da sua missão envolve o ambiente inteiro, a equipe e as pessoas à sua volta.

O líder tem de ter um lado pragmático e saber o que e como fazer. Ele tem de ter consciência de qual o tamanho do risco, não pode ser um iludido, pois a diferença entre sonho e ilusão é muito sutil. E um grande líder atua no pragmatismo do sonho. Por isso, ele tem de se envolver em todos os setores da empresa: conhecer o pessoal das máquinas e o de finanças... entender tudo sobre a categoria em que atua e, dentro dela, perceber como é que se ganha e se perde dinheiro. Acredite: enquanto você não entender o negócio e os segredos e detalhes de determinada atividade, não se meta a tomar decisões inconsequentes! Compreenda que nós, como líderes, temos também a nossa lei do mínimo. Não somos os sábios do planeta! Portanto, muita atenção, pragmatismo, *design* e arquitetura do *business* é fundamental. Tudo isso, claro, sem esquecer do carisma.

> *"O líder precisa ser aquele que respeita profundamente todos os funcionários, independentemente de sua posição no organograma e na hierarquia da empresa."*

E por que ser carismático? Você não vai conquistar a equipe, os fornecedores, os clientes e os que estiverem em sua volta se não tiver a habilidade humana do carinho, da paixão, de chegar ao cérebro das pessoas a partir do coração. O líder precisa ser aquele que respeita profundamente todos os funcionários, independentemente de sua posição no organograma e na hierarquia da empresa, não menosprezando suas competências e importância para a organização. Ele precisa interagir com todos.

O líder nem sempre tem carisma

Outro dia, dentro de uma das atividades que desenvolvo, conversei com uma senhora que, com orgulho imenso, contou-me que há 20 anos trabalhava na mesma empresa, fazendo café e faxina. E naquele dia ela me confidenciou que tinha dois filhos que haviam acabado de se formar no Mackenzie, em São Paulo. Na hora eu disse: "Que maravilha! Exatamente a escola onde estudei!". E ficamos ali batendo papo por um tempo.

"Grandes líderes não podem parar de andar pela companhia, de passar por entre as mesas, conhecer os clientes... isso tem de fazer parte do seu cotidiano."

Quando conversamos com as pessoas, ouvimos e trocamos ideias, e auscultamos (como médicos quando utilizam o estetoscópio para escutarem o som do batimento do nosso coração) o clima e a simpatia da empresa. É neste tipo de diálogo que o líder entende o coração e a alma do que não está visível e tem acesso a constatações muito mais preciosas do que de qualquer auditoria é capaz de detectar. Portanto, grandes líderes não podem parar de andar pela companhia, de passar por entre as mesas, conhecer os clientes... isso tem de fazer parte do seu cotidiano.

Meu primeiro grande chefe foi um japonês chamado Shunji Nishimura, presidente da empresa de máquinas agrícolas Jacto, localizada na cidade de Pompeia (SP) que, a propósito, deixou um legado extraordinário. Aliás, vale lembrar que grandes líderes deixam legados, fundações e transformam suas riquezas em artifícios muito bons para toda a comunidade. Este é o caso do seu Nishimura. Ele foi meu patrão por sete anos, dos 23 aos 30 anos de idade. Era bravo, dava bronca, corrigia sempre e não tinha nenhuma grande habilidade carismática. Mas, ele levava consigo algo valioso: quando algum funcionário falava algo que era importante para a empresa, ele punha a mão na orelha e abaixava a cabeça para escutar. E aquele ato demonstrava que o colaborador era importante.

Esse exemplo reflete que nem sempre o carisma está tão presente no jeito de ser do líder. Mas devido ao profundo respeito que este demonstra pela empresa, os colaboradores percebem que tudo que é concatenado por ele é para o bem da companhia. E se a companhia vai bem, isso se reverte para todos. E, dessa maneira, o líder se transforma em um ser admirável.

O líder e sua missão

E qual será a missão mais difícil de um líder, além de se comprometer com o resultado? Fazer com que o grupo se comprometa a entregar resultados desafiadores, sempre dentro de uma visão ética. Já me deparei, durante toda a minha trajetória, com líderes de curto e longo prazo. Os de curto prazo surgem aos montes, mas logo desaparecem. Já os de longo prazo se tornam grandes.

Tive o prazer de conversar com um destes que se tornou grande há algum tempo: Fernando Penteado Cardoso, que em 2021 completou 107 anos de idade. Ele é fundador da empresa de adubos Manah, que em 2000 foi vendida ao Grupo Bunge. Hoje, Cardoso dirige uma fundação que ele criou em 2001, a Agrisus, voltada à pesquisa agronômica e que desde então lida com projetos de todo o Brasil. Quando conversamos, perguntei se ele tinha alguma mensagem para passar para os que estão na ativa. E ele disse: "Não tenha medo do mercado, pois, se o líder se acovardar, acovardará todo mundo! Além disso, nunca fuja da ciência e do conhecimento."

Estas foram as palavras de um homem centenário, que ecoam ainda em mim e me dizem que grandes líderes não morrem nunca, são eternamente jovens e carregam dentro de si, independentemente da idade, a juventude. São seres humanos que superam o tempo. E talvez, o mais difícil de todo este processo, seja saber a hora de sair, para que se criem novas lideranças e estas deem sequência a obra que já foi idealizada. Grandes líderes criam, não destroem, e se desenvolvem humanamente em ângulos que eles não sabiam que poderiam.

"Grandes líderes não morrem nunca, são eternamente jovens e carregam dentro de si, independentemente da idade, a juventude."

E quando isso acontece? Será que é hora de parar? Claro que não! Dá-se início a um novo momento, mas em outro lugar. Uma nova obra o espera! Porque grandes líderes entendem que o fruto de suas ações é que leva a dignidade, desenvolvimento e humanidade. Portanto, tenha em mente que liderança é algo que nunca vamos conseguir domar totalmente. Nunca estamos totalmente prontos e temos de sempre estar buscando nos melhorar. Quando respeitamos os fatores mencionados até aqui, começamos a nos transformar em líderes.

Os comportamentos que fazem um líder inspirador no presente e no futuro

Leila Navarro

Remota, à distância, invisível... vamos falar de liderança nestes novos tempos? Refiro-me a esta nova liderança em que o líder nem conhece fisicamente seus liderados. Seja em que formato for, confiança é a base da liderança. Confúcio disse que para um país funcionar tem de ter armas, comida e confiança do povo. Se você tiver de abrir mão de algum deles, primeiro renuncie às armas; em segundo, à comida; mas, na visão do filósofo chinês, jamais da confiança, pois um povo que não confia no seu país ou nos seus governantes é um povo perdido. Esta firme convicção em algo ou alguém é muito importante para que seja rejeitada por qualquer um, em qualquer situação. Quando ela falta, nada tende a funcionar bem, seja uma nação, uma família ou uma organização.

Onde há medo não há confiança. E o contrário também é verdadeiro: quem tem confiança não tem medo, porque ambos não ocupam o mesmo lugar. Vimos muito isso por conta da pandemia da Covid-19, quando os mais dife-

"Deixe o medo fora do seu negócio porque ele traz ao presente o passado, enquanto a confiança leva o presente ao futuro."

rentes medos (ou se preferir, incertezas) vieram à tona. Lembro-me do pessoal da Espanha, onde foram tomadas duras medidas de isolamento e que, quando começou a flexibilizar as restrições, apesar da vontade geral, houve receio. Em uma reportagem, ouvi um trabalhador espanhol dizer: "Nós não temos nenhuma referência no passado, portanto, estamos criando agora o nosso presente". Via-se o medo pela falta de experiência com aquele desafio. Estavam caminhando no escuro, olhando para trás, buscando um parâmetro no passado.

No entanto, digo: deixe o medo fora do seu negócio porque ele traz ao presente o passado, enquanto a confiança leva o presente ao futuro. Quando se está com medo, sempre se está comparando, olhando lá para trás. Mas quando você está na confiança é diferente, simplesmente se acredita! Quando temos uma equipe que confia um no outro, saltamos juntos no escuro. E é sobre isso que eu quero falar: como é que eu inspiro confiança à distância para minha equipe?

O vento sopra a favor de quem sabe para aonde ir

Quanto mais controle imponho menos confiança tenho. São ferramentas que funcionam antagonicamente: quando um cresce, o outro diminui. Precisamos sim, evidentemente, ter um pouco de controle. No entanto, é preciso ficar atento à seguinte equação:

CONTROLE + CONFIANÇA = C
(onde C é uma constante).

Então, vamos sim colocar um mínimo de controle, mas investir bastante em confiança e manter essa constância. A confiança é o que faz a diferença. Se você é um líder muito controlador é porque tem pouca confiança. E por que isso acontece? Quem está minando sua confiança? A resposta é você mesmo. Você já ouviu falar de gestão por confiança? É algo muito simples que, se colocado em prática, fará grande diferença na sua vida. Para isso tem também uma regrinha básica:

A + 7Cs

Este "A" é de autoconfiança. E aqui está o diferencial de qualquer líder. Esta capacidade de confiar em si mesmo, de acreditar ser capaz de fazer ou executar algo deve estar baseada em cinco importantes pilares: autoconhecimento, autoestima, autocrítica, autoeficiência e autodisciplina. Mas não é disso que quero falar agora e sim dos comportamentos – os "Cs" –, que inspiram confiança à distância, remotamente, invisivelmente na equipe. Digo isso porque não conquistamos, mas inspiramos confiança. E o que é genial é que se trata de uma via de mão dupla. Quando confio no outro, o outro confia em mim e não quer perder a minha confiança.

"A confiança é o que faz a diferença. Se você é um líder muito controlador é porque tem pouca confiança."

Muitas vezes são os outros que fazem com que confiemos em nós mesmos. Numerosos filmes trabalham muito bem isso. Quem nunca assistiu a uma cena em que um treinador com um discurso arrasador desperta algo que o atleta julgava não ser capaz de fazer. A partir da confiança do treinador nele, o esportista começa a desenvolver sua autoconfiança. Portanto, veja como é importante confiar e expressar esta confiança para a equipe. E mesmo quando todos comprometem a atingir um resultado e este não vem, não é por isso que deve haver quebra de confiança. A conquista é uma construção de todos, de líderes e liderados. A boa liderança tem de estar junto nas vitórias e nas derrotas, nos resultados positivos e negativos, mesmo quando não está na linha de frente, e sim na retaguarda.

Como já disse, quando existe confiança mútua, a equipe dá as mãos e salta no escuro. É nos momentos em que não está claro para aonde ir que mais se precisa de união e de confiança um no outro. Veja por exemplo o que acontece dentro de uma penitenciária. Ali há poucos guardas e muitos detentos. Então cria-se um ambiente de desconfiança entre os encarcerados, pois se todos eles se unissem não teria muros que os segurariam do lado de dentro. Os próprios carcereiros estimulam o clima de briga e de conflito. É a clássica ideia do dividir para conquistar, fazendo com que a desconfiança reinante resulte no enfraquecimento daquele grande grupo que está sob a custódia do Estado. Nestas condi-

> *"A conquista é uma construção de todos, de líderes e liderados. A boa liderança tem de estar junto nas vitórias e nas derrotas."*

ções, não é preciso ter um carcereiro ou policial para cada detento, mas apenas um pequeno número em relação à população detida.

A discórdia é um elemento enfraquecedor em qualquer ambiente ou realidade. Percebeu a importância da confiança? Então, líder, inspire este sentimento em sua equipe. E mais: como estabelecer este elo mesmo à distância? Lembrando apenas que quando há confiança, os liderados vão para onde o líder orientar. Mesmo que o caminho não esteja tão claro, o destino parece certo. Isso é maravilhoso. "Estamos como você!", é isso que qualquer líder quer ouvir. E os resultados dependem da visão de quem lidera, pois como bem escreveu Sêneca, "nenhum vento sopra a favor de quem não sabe para aonde ir".

As sete chaves que revelam o segredo de um bom líder

Voltemos então à questão dos 7Cs. Quais são os sete comportamentos que fazem com que o líder inspire confiança na sua equipe? O primeiro é a competência profissional. Não há confiança diante da incompetência evidente da liderança. Isso não é bem um comportamento, mas uma competência, mas é preciso que seja destacado. Dito isso, passemos para o próximo C, de consciência. Eu confio em quem tem consciência em mim, quem me percebe ou enxerga quem eu sou, o que penso e que me dá espaço. Com a pandemia, a maioria dos líderes passou a fazer mais reuniões do que antes. E, embora estes encontros aconteçam virtualmente, a liderança está muito mais inteira. Em quantos encontros presenciais, pré-pandemia, não víamos o líder ali de olho no celular? Agora não pode ser assim. Precisamos hoje de líderes que estejam muito mais presentes do que antes. Eu inspiro confiança no outro quando o outro percebe que eu tenho a consciência dele, que estou presente, aqui e agora, de corpo e alma.

O terceiro C é de clareza, que é o mesmo que não ter entrelinhas ou letras miúdas. O líder deixa tudo às claras e, se tem algo sobre o qual não pode falar, deve igualmente esclarecer que não pode naquele momento, mas que o fará assim que for possível. Expor estes limites também é clareza. Por outro lado, usar de subterfúgios é desprezar a inteligência dos liderados, o que pode levar a uma quebra de confiança. Clareza é verdade e, nós brasileiros, temos uma dificuldade em lidar com a verdade. Somos o país das meias-verdades, não da transparência. Somos especialistas em omitir parte dos fatos, não para esclarecer, mas para enganar.

O outro C é de cumprimento. É preciso cumprir o que se promete. Se não vai cumprir, não prometa. Se a reunião vai começar às 9h e terminar às 10h30, comece às 9h e termine às 10h30. Não me conformo de as pessoas atrasarem para os encontros on-line. Terá sido o trânsito? Que desculpa apresentar? Isso gera desconfiança, é um indicativo de alguém que não cumpre o combinado. Quando a gente confia, sabe o que esperar e fica tranquilo. E se houver algo fora do roteiro, ainda há crédito, e todo mundo aceita com naturalidade. Então, não diga para seu liderado que o encontro vai ser na hora tal, ou para seu cliente que entregará tal dia, se sabe que não conseguirá cumprir. Isso só traz prejuízo à credibilidade e danos à imagem e ao respeito.

Isso conecta ao C de coerência. Não dá para confiar em alguém que diz para fazer algo ou agir de uma forma, e ele mesmo não o faz. Quando se está no mesmo barco, é importante que a liderança seja coerente com o que fala e o que faz. Como é importante ver o líder cumprindo o que diz ou as regras estabelecidas. Aliás, quando este dá o exemplo, nem precisa de normas, pois os liderados o seguem, confiam nele e o respeitam.

Mas um dos Cs que particularmente adoro é o de consistência. Será que você pode confiar em alguém que não tem valores? Tem pessoas que saem da nossa vida, mas internamente elas continuam conosco. Aprendemos com elas alguns princípios que nos acompanham por uma vida inteira. Não estou falando de valores da empresa, pois destes todos precisamos comungar. Estou falando de atributos pessoais. Pense naqueles que tiveram a capacidade de deixar uma marca indelével em você. Certamente, não foram muitos, porque estas pessoas são raras e especiais. "Nossa, fulano tinha uma seriedade! Como ele levava as coisas a sério". Ou ainda: "Ele tinha um discernimento... um senso de justiça... uma palavra de sabedoria nos momentos mais difíceis". Alguns têm certos valores que são deles e fogem ao script. Por isso que mesmo quando deixamos aquela empresa, escola ou grupo, os carregamos conosco. Essa consistência particular faz deles seres humanos diferenciados, com os quais criamos uma relação de empatia, confiança, entrega e admiração.

Um mundo sem liderança

Por fim, vou falar de coragem, o último dos 7Cs. Especialmente a coragem de sermos nós mesmos. Já somos quase 8 bilhões de pessoas vivendo no planeta Terra. Metade é homem; e a outra metade, mulher. Destas mulheres, algumas centenas de milhares são jogadoras de futebol; mais de um milhar são top models; pouco mais de duas dezenas são astronautas ativas, mas somente uma é Leila Navarro. Somos – com nossas competências e inaptidões – únicos. E é somente quando você se entende como único, que passa a respeitar o outro como único. Isso faz toda a diferença. Para mim, para legitimar o outro como um legítimo outro, primeiro tenho de me legitimar como uma legítima outra. Então é muito importante essa coragem de ser genuinamente quem somos. Essa coragem vem do se aceitar como se é. Isso é equipe, é liderança. Quando reconheço o que tenho e o que não tenho, percebo o que preciso do outro. Hoje a liderança não é mais vertical, mas horizontal. Assim, a liderança transita entre os liderados, conforme as competências de cada um e as necessidades que surgem. Ainda mais hoje, com equipes tão enxutas. Portanto, é preciso contar com todos esses diferentes e diferenciais. Mas, na verdade, entendo que o mundo caminha para não se ter líder. Quem vai ser a nossa liderança será a confiança, pois quem lidera, confia!

A liderança é determinada pelo contexto

Luciano Pires

Liderança é a habilidade de inspirar e provocar as pessoas a fazer acontecer. Esta frase foi escrita em 2012, quando lancei o livro *Diário de um Líder*. Na época, eu queria criar uma definição de liderança que fosse minha, baseada em 26 anos de história como líder de uma multinacional, e consegui unir na mesma frase virtudes que considero fundamentais para um líder: habilidade, inspiração, provocação e fazer acontecer. No entanto, apesar de o livro ter feito muito sucesso na ocasião, um fato passou a me incomodar. E sabe qual? Exatamente a definição de liderança que tanto me agradou naquele primeiro momento. Isso porque defini de forma correta o que é liderança, mas não especifiquei qual tipo de liderança me interessava.

Aparentemente, não há nada de errado com a frase em questão, e ela cai muito bem para pessoas como Mahatma Gandhi e João Carlos Martins, não é mesmo? O problema é que ela também serve para personalidades como Adolph Hitler e Mao Tsé-Tung. Um matou 14 milhões de pessoas; o outro, 70 milhões. E não dá para questionar se ambos

"O líder é um comunicador, ele transmite a informação. Ele deve ser visto como um condutor, alguém acessível, que está sempre de portas abertas."

tinham ou não habilidade de inspirar e provocar as pessoas a fazer acontecer. Os dois foram, em seus respectivos momentos históricos, grandes líderes.

Diante desse questionamento interno, passei a lapidar a descrição de liderança que havia feito no passado. E cheguei, então, a esta máxima: "Liderança é a habilidade de inspirar e provocar as pessoas a fazer acontecer, a elas transmitindo, de maneira informal e ética, conhecimento e apoio moral, psicológico e social".

Agora vamos aos detalhes: o que quero dizer com "transmitindo"? Ora, o líder é um comunicador, ele transmite a informação. Ele deve ser visto como um condutor, alguém acessível, que está sempre de portas abertas, e não como uma pessoa que segura as informações para si. Além disso, deve agir de forma moral e ética e passar o que é o certo, deixando claro que a informação transmitida por ele não vai ser utilizada de uma maneira que possa fazer mal ou prejudicar alguém. Assim, já elimino líderes como Hitler e Mao Tsé da jogada.

Mas só isto basta? Certamente, não! Líder é aquele que passa conhecimento. E conhecimento não é um dado, não é uma informação; conhecimento é sabedoria, é transmitir não só o quê, mas também o porquê. Ele passa então a ser uma fonte de conhecimento. Soma-se a isto o apoio moral, psicológico e social. Sim, o líder tem de ser psicólogo, sociólogo, antropólogo... ele dá um apoio moral e tem consciência de que não lida com máquinas, números e planilhas, mas com seres humanos.

O líder não é um déspota

> "Líder é aquele que passa conhecimento. E conhecimento não é um dado, não é uma informação; conhecimento é sabedoria."

Tem muita gente por aí que exerce a liderança colocando todo o foco em resultados. E aí surge um grande problema: você pode estar agindo como um déspota, alguém que consegue muito resultado, mas trata as pessoas como se fossem máquinas. Tem uma frase antiga que remete a esta situação que diz: "Quem teme você na tua presença, te odeia na tua ausência". Por isso, se você é este líder, que trata na base da porrada, é bem provável que quando vira as costas tem pessoas trabalhando para puxar o seu tapete. O que isso significa na prática? Que você não vai criar nenhum tipo de lealdade que não seja a do temor. Ela funciona? Funciona! Mas os que estiverem ao seu redor vão trabalhar para lhe derrubar.

Entenda: liderança é mais do que dar ordens, exemplos, orientações… é mais do que motivar, intimidar e ensinar. Liderança é saber liberar conscientemente uma força interior que contagia os outros. Este é o grande lance do líder. Ele tem que botar na cabeça que, antes de tudo, é um educador, alguém que influencia e contamina as pessoas ou com os seus atos, ou com o seu silêncio. Todos estarão olhando para ele e buscando repetir seus comportamentos, seja para o bem, seja para o mal. Uns usam esse artifício para o poder; outros para mudar positivamente a vida das pessoas.

> "Liderança é saber liberar conscientemente uma força interior que contagia os outros."

O filósofo dinamarquês Soren Kierkegaard escreveu, em um de seus textos: "A cada momento somos confrontados com a suprema liberdade. Podemos escolher qualquer coisa, podemos transformar completamente nossas vidas". E esta é a consciência que o líder tem de ter, de que é alguém que tem poder de transformar a vida das pessoas. Diante disso, é importante dizer que não existe um modelo de liderança: o líder pode ser homem ou mulher; alto ou baixo; gordo ou magro; a liderança pode existir em qualquer momento da vida da gente e há momentos que são muito especiais!

Tudo depende do contexto

Agora vamos para alguns exemplos práticos: digamos que você tenha a ideia de lançar um aplicativo que vá resolver alguns dos problemas sérios da Amazônia. Para que a sua ideia tenha um maior alcance, você vai atrás de apoiadores. Consegue inicialmente trazer o cacique Raoni para o projeto, e apesar de ficar feliz com esta conquista, continua na busca de alguém que seja grande mundialmente, que tenha um nome de peso e possa fazer com que o aplicativo em questão tenha relevância global. E assim chega a Bill Gates. Você consegue agendar uma reunião com o fundador da Microsoft, vai para os Estados Unidos com Raoni para conversar com ele e o empresário não só fica encantado com o projeto, como compra a ideia e resolve viajar com vocês para o Brasil, para conhecer mais detalhes.

A notícia é maravilhosa! Você conseguiu conquistar a maior liderança que poderia querer para expandir o seu negócio, não é verdade? Mas, um fato inesperado acontece: na hora em que o avião está sobrevoando a Amazônia, ele tem uma pane e cai. E ficam sozinhos, no meio do mato, você, Bill Gates e Raoni.

A pergunta que lhe faço agora é: quem você quer que seja o líder desse trio, nessa situação? Certamente o cacique Raoni. Ou seja, você mudou a liderança neste momento. E sabe por quê? Porque quem faz a liderança é o contexto, aquele conjunto de circunstâncias ou fatos que envolvem um evento ou situação em particular. A grande sacada do grande líder é entender que quando se muda o contexto, talvez seja preciso dar um passo atrás e deixar que alguém assuma. E, naquele momento, a liderança pode ser de outro... e depois voltar. Ou seja: a liderança é dinâmica e muda conforme o contexto. Lidar com contexto é complicado, o que dá à liderança um aspecto muito interessante.

Quer ver como isto funciona na prática? Existe um personagem criado pelo escritor Mário de Andrade chamado Macunaíma. Ele fez muito sucesso no cinema a partir de 1969, quando ganhou vida na interpretação do ator Grande Otelo, e ficou conhecido como um anti-herói, um cara preguiçoso que passa o dia inteiro na rede. Então, diante desta descrição, fica coerente se eu pegar uma foto dele e, debaixo da imagem, escrever: "Sabe o que este cara faz? Nada!"

Agora vou mudar o contexto. Vou pegar uma foto do nadador brasileiro César Augusto Cielo Filho segurando uma medalha, o grande campeão olímpico da natação brasileira. Debaixo dessa imagem vou escrever a mesma frase: "Sabe o que este cara faz? Nada!" O 'nada' da primeira imagem não tem nenhuma relação com o da segunda. Mudou-se totalmente o contexto!

Quer ver outro exemplo interessante? Leia esta descrição, colocada ao lado de uma imagem do iPad: "Este aparelho é indispensável para médicos, engenheiros e advogados e cabe dentro da pasta de documentos. É realmente portátil, pesando apenas 600 gramas. O seu aspecto é encantador e sua eficiência perfeita. É preciso como um relógio e simples como uma joia. Este aparelho foi construído com a preocupação do máximo aproveitamento, não tendo uma só peça que não seja essencial e indispensável. No entanto, essa simplificação foi feita tão racionalmente, que ele faz tudo o que qualquer outra máquina faz. Por isso deve ser a sua máquina".

Que tal esta descrição para o iPad? Funciona? Pois vou lhe dizer que tirei este texto de um anúncio da máquina de escrever Hermes Baby, sucesso na década de 1930. É exatamente o mesmo texto. Mas quando você muda o contexto, a propaganda se transforma numa piada. Afinal, dizer que um equipamento de três quilos é portátil, é para rir, não é? Em 1930 não era...

Então, lembre-se: a liderança é determinada pelo contexto. Quando você pensar em perfil de líder, tem de levar em consideração em que contexto está atuando. Esta liderança é dinâmica? Como é que ela vai ou volta? Também é importante ter em mente que existem dois tipos de liderança: a hierárquica e a natural. E lidar com ambas é uma arte, que deve ser aperfeiçoada a cada dia. Por ora, pense no seu contexto, na sua definição, analise quem é você no papel da liderança e entenda que ser líder é algo muito maior do que simplesmente dar ordens.

PARTE II

LIDERAR É INFLUENCIAR E MOTIVAR

Liderança humanizada, o diferencial das empresas do futuro

Ana Artigas

Conquistar metas, provocar a equipe, desenvolver pessoas... Isso faz parte do dia a dia do líder nato, que, diante de tantas cobranças e prazos, teve de se adequar a um desafio nunca vivido antes: o advento da Covid-19. A nova realidade, intensificada a partir de 2020, trouxe em um primeiro momento a adesão total ou parcial ao *home office*. E o que antes era visto como exceção, tornou-se regra. Para se ter uma ideia, levantamento realizado pela FIA Employee Experience (FEEx), com 213 empresas brasileiras, mostrou que, em função da pandemia, 90% das organizações implementaram – ao menos parcialmente – esta forma de trabalho.

Mas esta não foi a única mudança ocorrida de lá para cá. Junto com o *home office* vieram as adaptações técnicas, de rotina e, principalmente, os impactos físicos e psicológicos que o isolamento e a insegurança sobre o futuro trouxeram junto aos colaboradores. Diante disso, questões muito importantes, e por que não dizer fundamentais, vieram à tona: Como, diante de tantas demandas, o líder pode se mostrar mais próximo da sua equipe? E como deve conduzi-la, de forma que respeite os limites e as questões pessoais de cada profissional?

O desafio de manter a equipe motivada

Para desvendar este e outros questionamentos referentes ao tema, desenvolvi, como neuropsicóloga e especialista em comportamento e relações humanas, com mais de 25 anos de experiência, uma pesquisa sobre a conduta do líder e as dificuldades que cada um enfrenta agora, e enfrentará no futuro. O levantamento foi feito junto a CEOs, diretores, gerentes e empresários donos do seu próprio negócio. E uma das perguntas feitas a estes profissionais foi: "Qual a maior dificuldade que você encara para gerenciar sua equipe à distância?".

Manter a equipe motivada ficou em primeiro lugar no ranking de respostas, seguido de manter a saúde física e emocional dos liderados e colaboradores. Logo após aparece o tópico fazer acompanhamento e dar *feedback* à distância. Faz sentido! Afinal, em tempos normais, era muito fácil se levantar e ir até o vizinho na sala ao lado para tirar uma dúvida ou debater um *insight*. No cenário trazido pela Covid-19, dependendo da situação, os colaboradores estão desempenhando suas atividades em diferentes pontos físicos. Uma outra dificuldade relatada pelos líderes foi assegurar o controle das atividades; e por último, e não menos importante, manter um bom vínculo com a equipe.

Os tópicos são bem vastos, mas fiquemos com as inquietações mais palpitantes por aqueles que responderam às perguntas. Como os líderes fizeram para motivar a equipe e cuidar da saúde mental de seus colaboradores? Como dar um *feedback*, manter o controle da situação e, ao mesmo tempo, fazer as pessoas ficarem conectadas às suas lideranças?

> "Tratar todos os colaboradores com empatia, estabelecendo fortes conexões e mantendo foco nas emoções, de certa forma dá estabilidade e segurança aos liderados."

Para explanar sobre todas estas questões, é necessário falar de liderança humanizada. Tratar todos os colaboradores com empatia, estabelecendo fortes conexões e mantendo foco nas emoções, de certa forma dá estabilidade e segurança aos liderados. Muitos dos profissionais ouvidos relataram que procuraram elogiar os feitos de cada um, mostrar quais eram as principais dificuldades da empresa e como estavam lidando com a situação, deixando claro que o foco não era apenas no resultado, mas especialmente nas questões emocionais e psicológicas de cada colaborador. Ou seja, o foco deve ser trabalhar o potencial de cada um para desenvolver as pessoas mesmo à distância, fazendo a gestão das incertezas e cuidando de todos, mas de maneira individualizada.

Novos tempos, novas ferramentas

O uso de várias plataformas e ferramentas digitais está se mostrando superimportante neste momento. Isso, claro, sem esquecer de trabalhar a humanização e a empatia, transparecendo que este "novo normal" não está fácil para ninguém. Aliás, dos líderes entrevistados, 97,6% deles aprenderam algo novo com essa pandemia. E uma coisa tenho certeza: todo mundo aprende em momentos de crise!

Apesar do isolamento físico, o mais importante a destacar é que as conexões pessoais aumentaram. E a boa notícia é que os líderes perceberam que podem continuar fazendo uma série de atividades on-line porque as pessoas se adaptaram e gostaram dessa situação. E isto inclui treinamentos e palestras. E acredite: as empresas não têm preguiça de investir nisso.

> "Liderança humanizada é, acima de tudo, a manutenção do vínculo com a equipe."

Outra questão fundamental diante deste assunto é o que será mantido após a pandemia. Em primeiro lugar, vale ressaltar que o *home office* veio para ficar, mesmo que seja de forma híbrida. Uma pesquisa feita pela Ticket junto a várias empresas, em abril de 2020, mostra que 49,1% delas pretendem manter o trabalho remoto por tempo indeterminado. Este percentual só reforça os dados coletados por mim, que refletem que muitas reuniões e questões serão mantidas remotamente. Além disso, quase todos os líderes disseram que esperam viajar menos, o que gera menos custo para empresa, menos perda de tempo com deslocamentos, mais ganho de eficiência e, praticamente, os mesmos resultados.

Mas lembrem-se, liderança humanizada é, acima de tudo, a manutenção do vínculo com a equipe. Para tanto, é preciso procurar de todas as formas entender e acreditar nos colaboradores, para que eles possam acreditar no líder que os conduz. Assim, é possível manter uma direção mais constante e firme, pois eles sentem que podem contar realmente com a liderança que os conduz, mesmo diante do caos. Vale a pena investir mais nas interações sociais. Quando isso acontece, nosso cérebro libera serotonina e ocitocina, neurotransmissores que fazem com que nos sintamos mais seguros, felizes, humanizados, otimistas e alegres. Com isso, certamente, fica mais fácil obtermos melhores resultados.

Como treinar a nossa emoção para sermos felizes e motivados

Augusto Cury

"Para ser feliz e motivado, o ideal é treinar a emoção."

Não gosto da palavra motivação como fenômeno de autoajuda. Parece que tudo é muito miraculoso, sobre-humano. De repente, do dia para noite, uma pessoa desanimada se torna hipermotivada. Isso não é saudável! Aliás, sair do estado de humor depressivo para o estado de euforia até representa determinadas características doentias da personalidade. Esta bipolaridade de ir da motivação para o estado de desânimo ou angústia intensa reflete uma personalidade que está adoecendo.

Para ser feliz e motivado, o ideal é treinar a emoção. Muitos malham nas academias e lá treinam suas musculaturas ou habilidades; muitos treinam dirigir carros; outros, pilotar aeronaves... mas poucos pensam em treinar a emoção. As pessoas acreditam de maneira bem superficial e mística. Voltaire, grande pensador do Iluminismo, dizia: "Eu não detesto os meus inimigos; amo meus amigos e amo a Deus, mas detesto a superstição". Ele era um crítico do misticismo, assim como eu. Enquanto muitos acreditam em trajetórias mirabolantes, fórmulas mágicas e frases de efeito, sou defensor de que treinar a emoção é vital!

Mas, para que isso aconteça, tenho de desenvolver habilidades. Por exemplo: qual a diferença entre contemplar e admirar o belo? Como é que você quer ser uma pessoa motivada, bem humorada, feliz e tranquila se não sabe a diferença fundamental entre os dois termos?

Admirar o belo é uma experiência fugaz, rápida e passageira. Adolf Hitler admirava o belo. Ele tinha uma cachorra chamada Blondi e, lá no seu *bunker*, a acariciava com uma mão enquanto, com a outra, telefonava para enviar crianças, mulheres e homens aos campos de concentração. Ao mesmo tempo em que Hitler era vegetariano e, supostamente, não queria que os animais sangrassem, não se importava que este destino fosse reservado a seres humanos. Ele, um dos maiores psicopatas da história, admirava o belo, rápida e fugazmente, mas nunca o contemplou de fato. Se assim o fizesse, entraria em camadas mais profundas da mente humana e perceberia que não havia a menor diferença na complexidade intelectual de um alemão frente a um judeu.

Contemplar é olhar atenta e embevecidamente. Se contemplasse o belo, os senhores de escravos que importavam negros para as Américas, colocando-os em embarcações lúgubres e separando filhos de mães, e mães de filhos, perceberiam que eles eram escravos no único lugar em que deveriam ser livres: dentro de si mesmos! E que não há nenhuma diferença entre brancos, negros, amarelos, americanos, mexicanos, europeus e latinos. Mas nós, seres humanos, em meio a mais de 10 milhões de espécies, somos a única que pensa e tem consciência disso. Ainda assim, infelizmente, não entramos em camadas mais profundas da nossa psique, não contemplamos o belo e não conseguimos perceber em milésimos quando estamos diante de um estímulo.

Se não leva desaforo para a casa física, leva para a mental

Como psiquiatra, terapeuta e autor de livros e de uma das raras teorias mundiais que estuda a construção de pensamentos – a formação do "eu" como gestor da mente humana, os papéis conscientes e inconscientes da memória e o programa de gestão da emoção –, ressalto aqui: antes de publicar qualquer um dos meus livros, mergulhei nas entranhas da mente humana. Fiz mais de 20 mil sessões de psicoterapia e atendimentos psiquiátricos, atendi a casos graves, complexos e considerava cada paciente não mais um doente, mas um ser humano único. E nos intervalos das sessões, à noite (finais de semana e feriados), escrevia e reescrevia minhas ideias. Publiquei o meu primeiro livro, com 3 mil páginas, contemplando o belo e percebendo que cada ser humano é uma joia única no teatro da existência.

E você? Contempla ou admira o belo? Se é rápido para apontar os dedos, reage sem pensar e convive superficialmente com as pessoas ao seu redor, você o admira. Mas, se é ágil para aplaudir e pensa antes de agir, você o contempla.

Às vezes, escuto a seguinte afirmação: "Não levo desaforo para casa! Se alguém me contrariou, eu imediatamente devolvo". Quando escuto isso, rebato: "Você não leva desaforo para sua casa física, mas leva para a sua casa mental". Digo isso porque existe, dentro de cada um de nós, um biógrafo não autorizado chamado de fenômeno RAM (Registro Automático de Memória), que guarda as emoções traumáticas. Quando se eleva o tom de voz diante de alguém que elevou o tom de voz para você, não apenas agrediu o outro, como a si mesmo. Isso porque todas essas emoções ficam registradas, acumulando cárceres na mente humana. Por consequência, os impulsivos são meninos no território das emoções, não amadureceram e vão alimentar a violência em todos os aspectos.

Agora, se essas mesmas pessoas aprenderem a contemplar o belo, a pensar antes de agir e a não comprar aquilo que não lhes pertence, o cenário muda completamente. Alguém o ofendeu ou o criticou? Lembre-se de que a sua paz vale ouro e proteja as suas emoções. O resto é insignificante. Ofensas, críticas injustas e calúnias são lixo. E os fracassos são alicerces para que você possa crescer.

Quem se cobra demais é carrasco de si mesmo

Diante de tudo isto, pergunto: você cobra demais de si mesmo? Sei que a grande maioria assim o faz. São ótimos para os outros, mas carrascos para eles próprios. Quem cobra demais de si e do outro deveria trabalhar em uma financeira, para lidar com números, cobrar dívidas, mas não para ter ou desenvolver uma bela história de amor. Quem cobra demais de si e do outro é carrasco de ambos, porque aumenta os níveis de exigência para ser feliz, realizado e relaxado. Toda vez que isso ocorre, é preciso muito para se sentir pouco. Você se torna seu algoz, prisioneiro de si mesmo.

Aprenda a treinar sua emoção para ser feliz e motivado! Abrace mais e julgue menos e não compre aquilo que não lhe pertence. A sua paz é muito importante para a sua saúde mental, emocional e motivacional, não a venda por um preço vil e nem negocie aquilo que é inegociável! Para obter uma felicidade sustentável e inteligente – e não fundamentada em técnicas superficiais mirabolantes –, é importante contemplar o belo. E para isso você não pode ter relações superficiais. Esse tipo faz com que nosso nível de temperatura fique muito alto. Qualquer atrito é "bateu, levou!". Qualquer decepção nos desanima. Qualquer fracasso não nos leva a transformá-lo em uma oportunidade para se reinventar e as perdas nos asfixiam.

"A sua paz é muito importante para a sua saúde mental, emocional e motivacional, não a venda por um preço vil."

Mas aprender a contemplar o belo, os fracassos, as crises, as perdas, as dificuldades e até mesmo o mundo desabando sobre você não vai gerar janelas *killers* altamente encarcerantes, muito pelo contrário! Você vai utilizar esses dias mais dramáticos nos textos mais solenes e passará a dirigir o seu próprio script. Vai deixar de ser um espectador passivo, desmotivado, e, com força, entrará no palco e começará a escrever o seu roteiro. Eu lhe dou a caneta e o papel, bem como as ferramentas e as técnicas, mas só você poderá escrever os seus textos e treinar a sua emoção para ser feliz e motivado. Espero que, ao longo de sua história, você de fato deixe a plateia todos os dias, entre no palco e proclame no silêncio da sua mente: "Vou usar inclusive as minhas lágrimas para escrever as mais novas experiências. Jamais me curvarei diante da dor. Serei profundamente apaixonado pela vida, pois a vida é um espetáculo único e imperdível".

Seja um líder com propósito e mude o mundo ao seu redor

Mauricio Louzada

Ocupar uma posição de liderança é a grande oportunidade de impactar o mundo que nos cerca. Pode significar deixar um legado na sociedade, na vida de outras pessoas e na nossa própria. Segundo o escritor norte-americano Mark Twain, os dois dias mais importantes para qualquer ser humano são: o dia em que nascemos e o dia em que descobrimos o porquê de estarmos aqui. Esta percepção está fortemente relacionada com o senso de propósito, missão e legado. Diz respeito à marca que vamos deixar neste mundo e tem tudo a ver com liderança.

Nossa vida é um bem finito. E, a julgar pelas análises do Instituto Brasileiro de Geografia e Estatística (IBGE), em média, veremos a Terra dar pouco mais de 76 voltas em torno do Sol. A pergunta é: ao longo da nossa existência, apenas ficaremos dando voltas ao redor do astro rei ou vamos impactar esse mundo no qual vivemos? Se o seu objetivo é fazer a diferença, sem dúvida ocupar uma posição de liderança é um caminho que dá grandes oportunidades para isso.

Aliás, está aí uma palavra da qual gosto muito: oportunidade. Na mitologia grega, o tempo é representado por duas figuras diferentes. Uma delas é Cronos – que é associado ao tempo medido em segundos, minutos, anos. Ele é tradicionalmente retratado como um idoso carregando uma ampulheta na mão. Mas para os gregos clássicos, o tempo também pode ser representado pela oportunidade e é simbolizado por uma figura chamada Kairós. Neste caso, é caracterizado como um homem com uma trança na testa, sendo a nuca careca. Por que Kairós é assim? Conforme a sabedoria da Grécia Antiga, a oportunidade só pode ser agarrada na hora em que está vindo (por isso a trança na testa); se você a deixar passar, não vai ter mais como segurá-la (nuca careca). Portanto, se perdemos esse tempo, não teremos outra chance de aproveitar aquilo que a oportunidade nos oferece.

Você é o líder certo para sua empresa?

Liderança representa a oportunidade de impactar o mundo à nossa volta. Então, eu lhe faço uma pergunta: se você se encontra na posição de líder, por que foi o escolhido? É muito provável que a empresa tivesse outras opções, mas por que escolheu você? Pense no que apresentou como diferencial para estar no lugar em que agora se encontra.

E, uma vez que foi selecionado, já parou para refletir se, no seu caso, a empresa fez a escolha certa? Normalmente, quando questiono isso em palestras presenciais, a resposta em uníssono é "sim".

"Liderança representa a oportunidade de impactar o mundo à nossa volta."

Mas simplesmente afirmar não basta: é preciso provar isso todos os dias por meio de ações, atitudes, conhecimentos e habilidades. Será que fazemos isso diariamente? Todo mundo se lembra do dia em que passou a liderar um time, uma equipe ou um projeto. Mas, certamente, o passar do tempo e a experiência nos deram uma consciência muito diferente daquela de quando exercemos pela primeira vez este papel. Na época, talvez tenhamos pensado que o que mais pesaria na condição de líder seria um bom salário, o reconhecimento ou o status. Mas não demora muito para perceber que o que mais se sente sobre os ombros é o peso da responsabilidade, que vem da expectativa das pessoas que nos escolheram, que apostaram em nós e que disseram: "Você é a pessoa certa!".

Assim, percebemos que fomos escolhidos não para simplesmente ocupar uma posição, mas para cumprir uma missão. Isso requer muito empenho e dedicação, e quando feito da maneira adequada pode deixar um legado, uma marca na vida de outras pessoas. Portanto, faça uma reflexão sobre como tem ocupado sua posição de liderança. Você tem feito a diferença de fato ou apenas tem trabalhado para atingir resultados medianos? De que maneira isso impacta sua vida? Digo isso porque o que fazemos hoje refletirá em toda nossa vida pessoal e profissional nos próximos anos. E, por fim, de que maneira tem encarado a sua missão?

Qual é o seu propósito?

Gosto, também, desta palavra: missão. Sou uma pessoa apaixonada pelas missões espaciais, adoro estudá-las:

a missão que levou o primeiro homem, Yuri Gagarin, ao espaço; a Apollo 11, que levou o homem à Lua; e até as mais recentes, direcionadas às estações espaciais. Veja que o termo está relacionado à realização de algo que tem um forte significado. Vou falar especialmente da missão Apollo 15, que não é a mais conhecida. No entanto, ela tem uma característica muito interessante. De todas as seis que levaram humanos ao solo lunar, foi a que teve mais precisão, pousando apenas 15 metros distante do local planejado. Houve uma exatidão de praticamente 100%, algo muito difícil de ser alcançado. Foi também a mais completa em termos de experiências científicas.

Quando analisamos a missão Apollo 15, entendemos a relação de liderança com propósito. O comandante James Irwing tinha isso como propósito e inspirou esse sentimento na sua equipe. Não pense que foi fácil. O módulo lunar tinha um computador de bordo com capacidade de processamento similar ao das calculadoras atuais mais simples. Além disso, foram necessárias 438 correções manuais de rota para que os astronautas chegassem ao lugar que chegaram. Todos ali sabiam exatamente aonde queriam chegar e tinham um propósito real: transformar a humanidade a partir daquela experiência.

Para finalizar, compartilharei uma última história que, para mim, retrata de forma genuína o que significa liderança com propósito. Nos Jogos Olímpicos de Roma, em 1960, um etíope ganhou a medalha de ouro na maratona. Era um atleta completamente desconhecido, não era cotado entre os favoritos, e, quando começou a despontar na frente, os repórteres que cobriam o evento tiveram de olhar o número que ele trazia no peito e procurar em uma lista de inscritos para descobrir quem era. O nome dele era Abebe Bikila (falecido em 1973). Ele não só venceu a prova, como fez isso de uma forma diferente. Correu os 42 quilômetros com os pés descalços e se tornou o primeiro atleta africano a conquistar uma medalha olímpica de ouro. Perguntado depois por que não usou um calçado adequado, disse que era para homenagear o povo e chamar a atenção para a pobreza do seu país, onde as pessoas não podiam sequer comprar comida, muito menos um par de chinelos ou de tênis.

Bikila não correu pela medalha de ouro. Ele tinha um propósito e isso faz toda a diferença. Propósito vai muito além do objetivo, pois é algo que, quando alcançado, eterniza e impacta tudo que está à volta. Esse etíope voltou a repetir a façanha na edição seguinte dos jogos olímpicos, em Tóquio.

> "Propósito vai muito além do objetivo, pois é algo que, quando alcançado, eterniza e impacta tudo que está à volta."

E você, qual é o seu propósito? Qual é a sua história? Qual é o seu legado? Você chegou a essa posição do nada ou teve de se esforçar muito, estudar, trabalhar e, ao mesmo tempo, renunciar alguns prazeres para construir um futuro? Que marca está deixando e como as pessoas se lembrarão de você, já que a posição em que agora está não é sua para sempre? Olhe à frente e não deixe que Kairós passe por você sem que o perceba. Agarre-o pela trança. Esta é a sua oportunidade!

A força do entusiasmo na liderança

PROF. GRETZ

> "Quem conta uma história pode até não se lembrar dela com o passar do tempo; mas quem a ouve nunca mais esquece!"

O grande sonho de todas as pessoas que lideram é ter uma equipe comprometida. Mas como conseguir que isso ocorra? E qual a melhor forma de se fazer isso? Costumo dizer que comprometimento é uma fórmula matemática: quem participa se envolve; quem se envolve tem influência; quem tem influência tem posse; e quem tem posse está comprometido. Desse modo, é possível conseguir o engajamento da equipe se permitirmos que essas pessoas façam parte do processo. As diretrizes macro, quem decide são os acionistas, diretores, sócios... mas a trajetória, temos de aprender a dividir com a equipe. Afinal de contas, ninguém conhece melhor o trabalho do que aquele que o executa.

Um ensinamento que aprendi, ao longo desses 40 anos de trajetória, é que quem conta uma história pode até não se lembrar dela com o passar do tempo; mas quem a ouve nunca mais esquece! Por esta razão, gosto de ilustrar o que falo com histórias. E para falar sobre liderança e o papel do líder, vou contar algumas delas. Histórias diferentes, algumas reais, outras de ficção. Todas, entretanto, com lições que vão ao encontro do tema em questão e que me trouxeram, cada uma à sua maneira, grandes ensinamentos.

Há muito tempo, trabalhei como agricultor no interior do estado de São Paulo, em uma plantação de uvas Itália. Na ocasião, descarregava toras de madeira para colocar arames e, naquele momento, sempre recebia a ajuda de um vizinho, chamado Tonico. A questão é que, cada vez que ele pegava qualquer uma das toras, ficava gemendo muito alto. Desconfiado, um dia botei em dúvida o seu gemido e tirei a minha mão da madeira, que quase me esmagou. Comprovei então que ele gemia, mas não fazia força. E essa é a grande premissa de qualquer empresa. Precisamos de pessoas que gemam e façam força; precisamos de pessoas que estejam comprometidas com os resultados.

Às vezes, presencio pessoas de diferentes lugares, em diferentes contextos, querendo montar a árvore de Natal. E, independentemente de onde estiverem, enquanto elas estão ali, centradas, buscando dar o melhor de si para finalizar o trabalho com precisão, surge uma ou mais vozes de outros dando os seus inúmeros palpites: "Coloca a árvore mais para esquerda; melhor se for mais para direita; será que não é melhor montá-la em outro lugar?". E então eu penso: "Deixe as pessoas participarem também! Porque quando elas participam, se comprometem". Portanto, quem tem uma equipe que não é comprometida, tem de rever as atitudes: o problema não são os seus colaboradores, e sim você, como líder!

Gosto de peregrinar pelo mundo. Costumo dizer que quando viajo, aprendo. Muito dos conhecimentos que uso na minha oratória e nos meus textos aprendi conhecendo outras regiões do planeta. E o meu grande gosto é viajar de trem. Uma vez fui de Moscou, na Rússia, até a China, em um trem a 60 quilômetros por hora. E esse trem passou pelo Lago Baikal, entrou na Mongólia e parou na capital mais fria do mundo, Ulaanbaatar. E naquele local aconteceu um fato emblemático, muito tempo atrás.

Ali, Genghis Khan, que era líder de mais de 100 tribos, reuniu todo o pessoal e afirmou: "Vocês querem ser subordinados da China ou da Rússia? Porque se cada um for para um lado, viramos escravos de um desses dois povos. Mas tenho uma solução: se nos unirmos, de fato, poderemos enfrentar nossos inimigos". E finalizou o discurso com a seguinte frase: "Sozinho, vamos mais rápido; juntos, vamos mais longe". Esta afirmação tão marcante está escrita no local onde, simbolicamente, é o túmulo de Genghis Khan.

A essência do trabalho em equipe vem perdurando por décadas. Ray Kroc, o franqueado que posteriormente comprou a rede de *fast food* McDonald's, fazia treinamento com os funcionários todos os dias. E toda a capacitação que dava, iniciava e terminava com a seguinte frase: "Nenhum de nós é tão bom quanto todos nós somos juntos". Assim, com esta mentalidade e atitude, expandiu toda a rede pelo mundo.

A busca pelo melhor de cada um

Muitos filmes trazem, em seu enredo, aprendizados que levo para a vida. Outro dia assisti a um chamado *A Festa de Babette*. A película conta a história de uma grande cozinheira de Paris, que gastou todo o dinheiro que tinha ganhado na loteria para fazer um jantar na Normandia para um grupo de idosos. Sem entender, aquelas pessoas simples questionavam por que ela estava promovendo um jantar com tanto requinte para elas. E Babette simplesmente responde: "Dê-me a oportunidade de dar o melhor de mim". Todos queremos dar o melhor de nós e, desta forma, ser produtivo. Não é um dever do homem, é um direito. O que precisamos é que a liderança crie um ambiente para que isto possa acontecer.

E quer ver como o ambiente faz diferença? Recentemente eu li o livro *Um Cavaleiro em Moscou*, de Amor Towles, obra que ficou quase um ano na lista de *best-sellers* do *New York Times*, e que conta a história de Aleksandr Ilitch Rostov, o Conde, que foi condenado, durante o período da Revolução Russa, a passar 40 anos morando no sótão do hotel Metropol. No livro, Rostov conta tudo que aconteceu no estabelecimento durante estas quatro décadas. E um dos fatos curiosos que descreve é quando fala do comportamento do gerente: um homem que sempre chegava apressado, como se estivesse atrasado; que não pegava o elevador para não ter de conversar com os colaboradores; e dizia para a secretária que estava muito ocupado. Ele também se fechava no escritório e na mesa não havia nenhum papel. E para com todas as pessoas que vinham lhe abordar, ele demonstrava estar cansado ou incomodado, fazendo as pessoas até se sentirem constrangidas. Esse era o modelo de gestão. O problema é que, até hoje, tem muito gerente que também tem esse modelo: não ouve e não cria um ambiente para que as pessoas possam se aproximar e expor as suas dificuldades. Há indivíduos que lideram que não têm a humildade de dizer esta frase: "Eu fui claro para você?". Sempre que passar um recado para alguém, pergunte isso. Porque grande parte das vezes a pessoa não foi clara e o interlocutor não entendeu. Resultado: não se dá oportunidade para as pessoas falarem; e elas não sabem o que você espera.

Humildade não tem a ver com pobreza, e sim com conhecer as suas limitações e querer aprender. Humildade é você saber e ter vontade de ensinar. Então vamos praticar isso. Porque se tem uma frase que me chama muito a atenção está lá no livro bíblico de *Provérbios*: "A arrogância precede a ruína". Existem centenas de empresas de serviços que foram à falência porque foram arrogantes e achavam que não precisavam melhorar, e nem investir nas pessoas. Ledo engano!

> "Humildade não tem a ver com pobreza, e sim com conhecer as suas limitações e querer aprender."

E, para ilustrar melhor o que estou falando, vou contar mais uma história. O urso, o lobo e a raposa foram caçar. E cada um deles pegou um coelho. No final da empreitada, eles colocaram o resultado da caça no chão e o urso perguntou como aquilo seria dividido. O lobo então tomou a iniciativa e sugeriu que cada um ficasse com um coelho. Mas o urso não gostou da divisão, foi para cima do lobo e o matou. Depois disso, o urso virou calmamente para a raposa e perguntou como seria feita a divisão. E ela então afirmou, caminhando rumo a mata: "Fácil! Você fica com o coelho que o lobo sugeriu; leva o coelho do lobo, porque você já o comeu; e fica com o coelho que era meu, porque não gosto de coelho". Abismado com a resposta, o urso questionou onde ela tinha aprendido tamanha habilidade. E a raposa, já bem no meio do mato, respondeu: "Com o lobo!".

Vamos queimar etapas em nossa vida e aproveitar para aprender com o erro de outras pessoas, observando. Todos sabemos que quando dirigimos um automóvel, não podemos continuar sob muita chuva ou com neblina; que temos que usar o cinto de segurança para as crianças que estão no banco de trás... quantas coisas podemos colocar em prática aprendendo com o erro dos outros! Que você possa ser essa pessoa sábia.

Quando estive em Modena, na Itália, fui visitar o museu do Enzo Ferrari. Lá, entre tantas curiosidades sobre a história dele, deparei-me com uma frase que me impressionou. Em uma ocasião, uma jovem repórter perguntou a ele qual foi a vitória mais bela de sua vida, achando que ele fosse reportar ao passado. Contudo, para a surpresa da jornalista e de todos que ali estavam, o fundador da escuderia Ferrari disse: "A vitória mais bela da minha vida é aquela que ainda está para acontecer!"

Que essa seja também a sua bandeira e a sua premissa. Todos nós temos um livro da vida, que não sabemos quantas páginas tem, porque isso pertence ao Criador. Mas podemos transformar cada página que se inicia na mais importante das nossas vidas. Espero que pegue pelo menos uma parte deste retalho de histórias e lembranças e leve contigo como aprendizado. Tenho certeza de que cada uma destas narrativas poderá ajudá-lo a ter uma vida pessoal e empresarial de mais sucesso e realizações.

Desperte o potencial dos seus liderados

Prof. Luiz Marins

Líder é aquele que faz com que seus liderados façam o que mais sentem prazer em fazer. Esta definição não é minha, e sim do Dwight D. Eisenhower, que foi general cinco estrelas do exército americano durante a Segunda Guerra Mundial e também presidente dos Estados Unidos. Segundo ele, o líder é aquele que conhece os pontos fortes e fracos de cada um dos seus liderados. E, ciente disso, usa os pontos fortes, os chamados identificadores positivos, para que seus liderados sintam prazer em agir e fazer o que mais sabem fazer.

> "O líder de hoje tem de se desafiar para que seu time atinja o resultado esperado."

O que quero dizer com esta afirmação? Que não existe uma liderança de tamanho único. Hoje liderança é alfaiataria, é customização. Eu tenho de estudar cada um dos meus liderados, entender cada um deles e fazer um projeto personalizado de desenvolvimento pessoal e profissional. Isso para que possa existir uma liderança eficaz. Não vai ser aquela coisa de chefia, de um mandar e torcer para que os outros obedeçam de bom grado. O líder de hoje tem de se desafiar para que seu time atinja o resultado esperado. E essa é uma característica forte.

É como um professor. É mais fácil para mim, como professor, chamar todos os alunos de burros, reprová-los, dar nota zero... agora, o difícil é eu me desafiar para que aquele aluno aprenda e mude o seu comportamento, para que tenha coragem de perguntar e se desenvolva... porque autoridade de um líder vem da etimologia. Eu como antropólogo estudo a origem das palavras. Autoridade vem de *auctoritas*, que vem de *auctor*; e *auctor* vem de *augere*, que significa fazer crescer!

Por isso que a gente fala: "Aquela pessoa está no auge, está lá em cima!". Então, a autoridade de um líder é fazer o seu liderado crescer. E eu só posso fazer crescer uma coisa que exista. Então, o que é que eu vou fazer crescer? Os pontos fortes e identificadores positivos do meu liderado. Isso é a autoridade do líder. Ele se desafia para que o seu time atinja resultados.

Da seleção para o universo corporativo

Para ilustrar o que digo, vou trazer aqui uma experiência de um trabalho que realizei junto à seleção pentacampeã brasileira. Sempre que falo sobre este assunto digo que mais aprendi do que pude fazer algo. E o que aprendi lá? Que time é diferente de bando, que é diferente de equipe, que é diferente de grupo. Time é ter a capacidade de passar a bola para um companheiro que esteja melhor colocado em campo do que eu, para que o time marque o gol. Deixa eu explicar isso melhor: Um jogador pega a bola, atravessa o campo inteiro sozinho driblando os jogadores do time adversário, chega na cara do gol e ali tem um beck que não o deixa passar para marcar. Neste momento, ele olha para o lado e vê um companheiro que não correu, não driblou ninguém, ficou na sombra de braços cruzados... e o jogador que percorreu o campo inteiro, sem alternativa, passa a bola para o colega, e como costumamos dizer, este dá um tapa na bola e marca o gol.

Agora me responda: quem é o artilheiro? Quem a televisão vai entrevistar? E qual a resposta que ouviremos daquele que fez o gol? Não foi fácil! Então, ser parte de um time é isso: é ter a capacidade de passar a bola para o companheiro que está mais bem colocado em campo para que o time marque o gol. Eu achava que isto era fácil, mas um dia o próprio técnico, Luiz Felipe Scolari, me explicou: "Hoje eles estão aqui na seleção. Mas, no dia a dia, eles jogam em times adversários. E existe este pensamento de 'eu sei que se eu passar a bola para aquele meu companheiro, ele vai marcar o gol porque ele é bom. E por que eu sei que ele é bom? Porque ele está na Seleção como eu. E eu vou transformar esse meu companheiro, que na verdade é o meu adversário, em artilheiro. Ah não! Prefiro arriscar, perder a bola e se meu companheiro reclamar eu digo a ele: desculpa, não vi você!'"

Qual é então o maior desafio de um líder? É fazer os seus liderados passarem a bola. E como posso fazer para aquele sujeito dar mais do que ele pode dar? Em uma das pesquisas que ajudei a desenvolver em torno desse tema, foi perguntado: Se você fosse mais motivado, daria mais do que tem dado para sua empresa? Adivinha: 100% dos entrevistados disseram que sim! Agora eu pergunto: o que é se motivar? Veja que as pessoas, por ausência de uma liderança que as lidere, que as promova como auge, que as faça crescer, acabam se economizando, não dando ideias e nem participando tanto quanto poderiam participar.

Lembre-se: a maior característica de um líder é a humildade. E lá vou eu, como professor de Antropologia, falar sobre a origem desta palavra. Humildade vem de *húmus*, e *húmus* é terra, é chão, é a mesma origem de humanos. O humilde não é um bobo, e sim quem tem os pés no chão. E todo mundo que tem os pés no chão sabe que ninguém chegou ao pódio sozinho.

O líder não pode ser arrogante. E o que é ser uma pessoa arrogante? Aquela que acredita que as outras precisam mais dela do que ela das outras. Da mesma forma, uma empresa arrogante é aquela que acredita que o cliente precisa mais dela do que ela do cliente. Então um líder arrogante, que não é humilde, ou seja, que não tem os pés no chão, acredita que seus liderados precisam mais dele do que ele dos liderados. O que é uma estupidez.

Quero contar uma história de mitologia grega sobre a humildade. Anteu, na mitologia grega e persa, é filho de Gaia (deusa da terra) e de Poseidon (deus do mar). Ele era lutador e diz a lenda que destruía os seus adversários porque queria construir um templo para Poseidon com todos os ossos daqueles que ele matava. Quando se confrontava com alguém, a primeira coisa que Anteu fazia era derrubar o adversário na terra e rolar com ele. Como

"A maior característica de um líder é a humildade."

era filho de Gaia, deusa da terra, a terra dava uma força descomunal para Anteu, que destruía os seus contendores. Acontece que Hércules descobriu o segredo de Anteu ser invencível. E, ao lutar com Anteu, o suspende e o deixa longe da terra que lhe dava força, até que este vai ficando cada vez mais fraco e morre.

E qual é a lição tirada deste conto da mitologia? O mundo existe para tirar você do chão, para dizer que você é bom, que você precisa mais, que você já é líder. Mas, se você perde o contato com o chão, fica cada vez mais fraco até morrer. Conclusão: perder o chão é perder a humildade. E aí o líder morre.

O segredo não está na caixinha dourada

O bom líder tem de ter foco. As missões das empresas, geralmente, são todas iguais e prometem oferecer um serviço de qualidade, respeitar o meio ambiente, ajudar os colaboradores... eu nunca vi uma missão que dissesse o oposto. O que falta é o foco, não é missão. E um líder sem foco não consegue liderar. Mas, para que isso ocorra é preciso perambular e estar junto da realidade concreta.

Para terminar, deixa eu contar mais uma historinha: um empresário estava muito descontente com os últimos resultados da companhia. Foi quando ouviu de alguém que existia um guru, que morava nas montanhas, que tinha fama de resolver muitos problemas empresariais. Ao ouvir esta história, o empresário não pensou duas vezes e foi até lá! Contou então que as pessoas não eram comprometidas, que não lhe contavam o que precisava ser dito e que não conseguia liderar como deveria. Ao ouvir tudo aquilo, o guru pegou uma caixinha dourada que tinha um pequeno fio dourado e disse que aquele objeto era mágico. Pediu então que o rapaz colocasse a caixinha no bolso todos os dias e que, durante três meses andasse por todos os departamentos da empresa. E ressaltou: quanto mais você chegar perto das pessoas e conversar com elas, mais a caixinha fará o efeito milagroso dela.

E assim foi feito. A empresa começou a se transformar, as vendas aumentaram, houve lançamento de produtos, novas pesquisas... o maior sucesso! Maravilhado, o homem retornou às montanhas e disse ao guru tudo o que havia acontecido, ressaltando que queria ficar com a caixinha, e que pagaria por ela, pois aquele objeto havia salvado a empresa. Ao ouvir tudo aquilo, o guru se negou a vender a caixinha e a pediu de volta, apesar da insistência do rapaz. E assim que a recebeu em mãos, a amassou e jogou no lixo, dizendo: "Não foi a caixinha que lhe salvou, e sim você, que saiu da sua sala e, duas vezes ao dia, foi lá onde seus liderados estavam para conversar com eles. Faça isso o resto da vida e sempre vai ter sucesso".

Quando o líder se isola da realidade, fica separado da cúpula da pirâmide empresarial, enquanto o processo decisório é fruto da informação que vem debaixo da empresa e do mercado. Resultado: uma série de decisões erradas por conta da falta de informação. Liderar é estar junto dos liderados, conhecer seus pontos fortes e extrair de cada um o seu melhor. Pense nisso!

Como criar hábitos e metas ajuda a atingir os objetivos

Rafael Baltresca

Quero iniciar este texto fazendo duas perguntas simples: você se considera uma pessoa com bons hábitos? Está disposto ou disposta a mudar alguns que considera imperfeitos? Acredite: independentemente das respostas, todo bom líder precisa entender que ter bons hábitos é um dos grandes passos para o sucesso, seja lá qual for a área do conhecimento. Por isso, é importante saber o que é preciso para se mudar um hábito, não só para que aplique esse processo em si mesmo, mas para que também possa ajudar os que estiverem ao seu redor.

Em primeiro lugar, um ponto deve ficar claro: hábitos não vêm impressos em nossa carga genética... eles são aprendidos! Ninguém nasce com o hábito de fazer exercício físico, fumar, ler. Cada um aprende ou desaprende a ter hábitos. Peguemos como exemplo uma iniciativa bem simples: a prática de atividade física. É algo que todo mundo quer fazer, ou pelo menos a

"Todo bom líder precisa entender que ter bons hábitos é um dos grandes passos para o sucesso."

maioria das pessoas coloca isso na lista de tarefas. Mas ainda são poucos que conseguem, de fato, colocar na rotina diária.

E o hábito da leitura, então? Para falar deste, em especial, vou me usar como exemplo. Nunca tive o hábito de ler bons livros. E, para justificar esta afirmação, poderia elencar várias desculpas: minha mãe não me ensinou; o meu pai não lia... não importa qual o motivo, e sim que não tinha este costume. Para piorar ainda mais a situação, sempre vi a leitura como castigo. E sabe por quê? Porque toda vez que saía de férias do colégio, o professor dava como tarefa aos alunos a leitura de uma determinada obra. Na minha cabeça, ele estava detonando as minhas férias com algo que eu não queria. Assim os anos foram passando e, quando terminei o Ensino Médio, coloquei na cabeça que nunca mais leria na minha vida.

No começo, a decisão pareceu acertada. Mas, à medida que fui amadurecendo, comecei a entender que livros, por mais que parecesse enfadonho para mim até aquele momento, eram algo muito importante. Então perguntei a mim mesmo: quando começarei a ter um hábito novo? E quando me colocarei à disposição para aprendê-lo? Para dar início a este novo momento, passei a usar uma fórmula infalível, que agora vou dividir com vocês. E ela funciona muito bem, independentemente do hábito que queira incorporar na sua vida. Ela é baseada na R-E-P-E-T-I-Ç-Ã-O e em um método que vou chamar de 21 dias.

Aprendendo a domesticar o cérebro

Mas, antes de falar sobre este método e como aplicá-lo, preciso deixar algo claro: o cérebro humano só grava algo de duas maneiras: por emoção ou repetição. E ponto final! Quer ver como você aprende por intermédio da emoção? O que estava fazendo em 11 de setembro de 2001, durante a queda do World Trade Center? Como foi seu primeiro dia de faculdade? Com quem foi seu primeiro beijo? Certamente vai lembrar de tudo isso, porque a emoção foi tão forte na ocasião que o cérebro tende a reter a informação. Logo, tudo o que você faz com emoção, o cérebro guarda. Além de emoção, criamos hábitos, memórias e comportamentos por repetição. E tudo o que se faz repetidamente se torna um hábito.

Agora vamos ao método dos 21 dias. Muitos neurocientistas dizem que, com 21 dias de repetição, nosso cérebro cria novos caminhos neuronais. Então, tudo o que você faz por 21 dias seguidos, torna-se um novo hábito. Ciente disso, eu, que tinha como meta criar o hábito de ler, passei a ler todos os dias, durante 20 minutos, por 21 dias seguidos. Para me lembrar, programava um alarme, e assim que ele tocava, ia desempenhar a minha tarefa. Claro que nos primeiros dias não gostava, achava chato, me irritava. A verdade é que não queria fazer aquilo.

"Tudo o que você faz com emoção, o cérebro guarda."

Lembro de que, nos primeiros dias, lia umas cinco páginas em 20 minutos, e este tempo parecia durar uma eternidade. Eu lia, me perdia, voltava... não sei se era um pouco de dislexia ou um pouco de ansiedade. Estar ali me dava sono, eu queria parar. E não há nada de errado com isso. Todas estas sensações são normais, porque na implantação de um hábito novo, precisamos remover um antigo. Não dá para ter o hábito de acordar cedo, se você ainda dorme até tarde; não dá para ter o hábito de não fumar, se você ainda fuma. Entenda: sempre que você for ganhar um novo hábito, outro precisará ir embora. Por isso, é muito mais fácil ter um hábito novo quando se tem três ou cinco anos de idade, quando ainda estamos recebendo novos conhecimentos, do que com 40 anos.

E o que aconteceu comigo, após os 21 dias ininterruptos? Como mágica, um dia percebi que tinha vontade de ler mais que 20 minutos e que, aonde quer que eu fosse, tinha que levar um livro a tiracolo. Assim, passei a ler no supermercado, no banco... o livro estava sempre comigo, debaixo do braço. Aquilo virou um hábito para mim. Está disposto a fazer o mesmo, e desempenhar uma tarefa por 21 dias seguidos? Se a sua resposta for não, creio que não queira mudar o seu hábito, e está tudo bem. A escolha é sua.

O segredo de criar metas que ninguém nunca lhe contou

Agora vou falar sobre metas, mas de uma forma que, certamente, nunca ninguém lhe falou. Quando abordo este tema, logo vêm à tona várias técnicas. E uma das mais conhecidas é o Padrão Smart. Ela diz que uma meta tem que ser S da palavra em inglês *specific* (que significa específica); M de mensurável; A de alcançável; R de Relevante; e T de temporal. Ou seja, uma meta, para ser verdadeira, você tem que saber o quê? Quando? Como? Por quê? Ela tem de ter corpo e estar dentro do Padrão Smart.

Mas existem, além dessas perguntas, uma que ninguém fala, e que deixará sua meta mais parruda e o caminho muito mais fácil de ser alcançado. E sabe qual é? A pergunta 'Quem?' Porque ela mostra o poder das relações humanas quando se está escrevendo uma meta. Lembre-se: alguém já passou pelo mesmo trajeto que você, já teve de criar ou chegar aonde você quer chegar. Elas podem lhe mostrar o que funciona ou não, ou o direcionarem nas melhores escolhas, dando uma luz a sua meta inicial. Então, quando for criar uma meta, lembre-se das pessoas. Cada um de nós precisa estar conectado com pessoas e ideias. E isso vai muito além de papéis e planos estratégicos.

E se você não tem amigos que já fizeram ou que já passaram por esta situação, use as redes sociais. Quando você vai atrás do "Quem", quando vai atrás das pessoas, é incrível como a comunidade, de uma maneira geral, se mobiliza para ajudá-lo, pois ajudar faz as pessoas se sentirem felizes e gratas. Por isso eu sempre digo: um líder precisa ter em mente duas lições: a primeira é compreender como mudar um hábito; e a segunda é lembrar-se das pessoas quando for determinar uma meta ou um plano. Este detalhe, superimportante, pode encurtar e melhorar muito os resultados para que você atinja seu objetivo de forma eficaz e funcional.

A arte de falar bem e influenciar seus liderados

Marilam Sales

"Para liderar, você deve ter em mente um propósito, uma ideia clara de aonde quer chegar."

Na história da humanidade temos vários exemplos de figuras que influenciaram pessoas e as imobilizaram em função de um objetivo. Isso se chama liderança. Joana d'Arc se destacou na Guerra dos 100 Anos e ganhou o reconhecimento do rei Carlos 7º, da França; Abraham Lincoln teve a coragem de abolir a escravidão e administrou muito bem os Estados Unidos, sendo lembrado até hoje como grande líder e orador; Martin Luther King lutou pela igualdade social; Steve Jobs, fundador da Apple, mostrou que a cultura organizacional é o ponto-chave para o sucesso de uma empresa e que gostar do que se faz é a premissa para a obtenção da excelência. E estes são só alguns exemplos!

Para liderar, você deve ter em mente um propósito, uma ideia clara de aonde quer chegar. E para alcançar esse objetivo é necessário se fazer entender, pois falar é uma arte. E, sendo uma arte, você pode aprender, desde que conheça as técnicas que o ajudarão a disseminar sua ideia e a influenciar seus liderados. Ao falar, é necessário imprimir tom certo, velocidade adequada e volume conforme o ambiente permite.

Na expressão verbal, devemos ter potência na voz para conseguir passar uma ideia com firmeza e ter uma comunicação de impacto. Para isso, é necessário a respiração diafragmática, que tanto destaco nos meus cursos. Uma criança quando nasce, por exemplo, respira de forma adequada e percebemos isso claramente quando chora. Ela impulsiona o diafragma, que é um músculo localizado na base dos pulmões, e que desempenha um papel importante no processo de respiração. Com isso, consegue imprimir volume e ritmo adequados, chamando assim a atenção da mãe. Há exercícios específicos que ajudam nesse processo e que permitirão a você projetar, dar volume e mais potência à voz. Líder que sabe se expressar marca presença diante dos colaboradores, dos alunos ou das pessoas que gerencia. E para alcançar uma alta performance neste quesito é necessário praticar os '**4 D**s' que preconizo.

O primeiro **D** é de **D**eterminação. É preciso estar determinado para conseguir alcançar o objetivo e superar suas metas. O segundo é de **D**isciplina. É importante ser disciplinado ao traçar o planejamento estratégico, estar atento aos pontos fracos e fortes do projeto a ser apresentado e fechar as brechas. O terceiro é de **D**edicação. É preciso se dedicar ao que é prioridade. Se vai apresentar um conteúdo ao time ou a uma plateia, dedique-se a ele para que se sinta seguro naquele momento crucial. E o quarto é de **D**isposição. Esteja sempre disposto a ajudar os que estão sob seu comando no mundo corporativo.

Se vai falar, tire as mãos do bolso

Uma das maiores dificuldades encontradas no mundo corporativo é encontrar um gestor que se comunique bem com sua equipe. Muitos são técnicos demais e não sabem falar de forma adequada, não articulam bem as palavras e não transmitem com clareza e segurança o objetivo. Um exercício simples, que funciona e que indico sempre aos meus alunos é colocar um palito de picolé entre os dentes e ler um livro em voz alta. Isso ajuda a ter uma boa dicção, a articular bem as palavras e a fazer com que todos o entendam. De dois em dois minutos, coloque esse palitinho e, posteriormente, perceberá que sua mandíbula e o seu maxilar estarão bem soltos. Quando isso acontece, as palavras passam a fluir de forma articulada e inteligível. Faça isso sempre e perceba a diferença.

> "Quando estamos convencidos de um propósito ou de uma ideia, naturalmente influenciamos os nossos ouvintes."

Outra dica: fale ao coração das pessoas movido por um sentimento que está nas entranhas do seu ser. Para isso, use tons de entusiasmo, comoção ou autoridade. Quando estamos convencidos de um propósito ou de uma ideia, naturalmente influenciamos os nossos ouvintes. Utilize o tom certo da frase a ser enunciada e planeje cuidadosamente o seu discurso. Lembre-se de que falar é como compor uma melodia, em que há tons graves, médios e agudos. Por isso, é importante conhecer a mudança de tom, compassos fortes e fracos, pausas curtas e longas e a ênfase nas palavras certas.

Procure falar sempre dessa forma para obter o resultado esperado. Ao falar aos seus liderados, não se esqueça de que o não verbal também fala. Aliás, o corpo fala o tempo todo. Portanto, use-o por inteiro para se expressar e confirme o que diz por intermédio da sua expressão facial.

O líder não deve se apresentar de forma desmotivada, com ombros caídos, relaxados demais. Não cometa o pecado de se sentar em uma cadeira de qualquer maneira. Tenha postura corporal e a use sempre! Outra recomendação importante: nada de colocar as mãos nos bolsos, fica feio! Parece um gesto natural, mas não é. A leitura que o público fará é a de que você não sabe trabalhar com as mãos, está com medo, vergonha, é uma pessoa relaxada ou descompromissada, que não está valorizando o próprio conteúdo. Portanto, use as suas mãos ao falar, com gestos enfáticos e descritivos. E fale de forma natural, com sinceridade, empatia, expressividade e sempre com bom humor e uma pitada de emoção, elogiando também os integrantes de sua equipe.

Boa comunicação ajuda a construir pontes, não pinguelas

Construa todos os dias uma ponte entre você e seus liderados. A boa comunicação propicia ferramentas adequadas para essa edificação da ponte, que deve ser firme para que por ela passe a credibilidade. Para que as pessoas venham para seu lado, elas precisam sentir mais confiança e segurança. Não se constrói pontes com a má comunicação, somente pinguelas, e ninguém vai querer passar para o seu lado. O bom líder edifica essa ponte diariamente com a ajuda dos seus liderados. Liderança é fazer com que as pessoas enxerguem o que você vê, e é também a capacidade de orientar, supervisionar, delegar e motivar para atingir o objetivo tão desejado.

Dessa forma, é necessário ter compromisso visceral com o time. Faça aquele algo a mais e sempre busque a excelência no cumprimento do propósito que preparou. Comunique-se de forma construtiva utilizando os novos meios de comunicação, que se tornaram essenciais na nossa vida e é importante que os reconheçamos e os valorizemos. A grande qualidade de um líder é ter caráter, que é a forma de manter a integridade das palavras de acordo com suas atitudes. Além disso, o líder necessita ser líder de si mesmo para poder liderar outros. Lidere suas emoções, saia da plateia e assuma o seu papel no palco da vida.

A comunicação de impacto ajuda muito o líder a manter a postura do personagem que criou para desempenhar o seu papel com maestria. Para alcançá-la, mantenha a chama interior acesa todos os dias. A chama é a sede de conhecimento, e é necessário buscá-la todos os dias. Também é preciso ter habilidade para lidar com as pessoas, ajudá-las a ter atitude e a serem proativas. Comande seu time e o motive a sair na frente. Estar motivado é ter motivo para a ação. Tenha ainda prazer naquilo que faz e ame as pessoas. Enfim, pratique o aprendizado que você tem ganhado durante todos esses anos e seja o autor e o protagonista da sua história, para que seu nome seja lembrado com carinho por todos aqueles que liderou.

"A grande qualidade de um líder é ter caráter, que é a forma de manter a integridade das palavras de acordo com suas atitudes."

PARTE III

LIDERAR É COMANDAR

Estar no comando ou ser o comandante

Clovis Tavares

Minha missão aqui é conduzir você, leitor, a uma reflexão diferente sobre liderança, gestão de equipes e poder de decisão. Há mais de 20 anos treino pilotos de avião. Comecei em 1996, com profissionais da TAM, logo após o acidente com o Fokker 100. Fiz o mesmo trabalho com profissionais de empresas do exterior, como a Delta, e outros mais recentes, como com a Azul. Com eles não falo de procedimentos técnicos ou psicológicos, mas de comunicação, comportamento, princípios, bom humor e controle emocional.

A função de um piloto é aparentemente técnica: controlar a aeronave, atentar-se ao caminho, acelerar os processos, desviar-se das turbulências e deixar claro à equipe quais são as regras que devem ser seguidas durante o voo. E enquanto parte da tripulação atende clientes ou passageiros, ele cuida do destino, prevê nuvens negras, riscos e também oportunidades. Nem tudo é um algoritmo e depende do computador. Ele tem escolhas na palma da mão e isso torna cada viagem única.

Como comandante e CEO da aeronave, sua responsabilidade é entregar resultados, com prazo e hora marcada. Além disso, em toda a viagem, se submete à observação de um auditor, um agente crítico que não perdoa uma performance displicente: o passageiro. O piloto pode apresentar o melhor desempenho de sua vida, mas se um dos clientes a bordo esquecer um celular no assento ou tiver problemas com a bagagem, nada daquilo será levado em conta quando aquele lembrar da viagem. Em outras palavras, existem procedimentos que dependem dele e são previsíveis e tangíveis; mas outros fogem à sua responsabilidade. Ter ciência disso e remediar faz parte do trabalho.

É preciso estar preparado para dividir o poder

Se você se identifica com o que falei acima é porque já é ou está a caminho de ser um líder. Esta não é uma missão fácil. Exige superação diária, incluindo tolerância, criatividade, pensamentos iluminados e boa comunicação. Lembre-se de que a sua palavra tem de ter energia, poder, mas para que a sua performance seja completa é preciso ouvir a equipe e clientes diretamente. Somente focando na comunicação é que um líder pode colocar para fora a mensagem certa e compartilhar decisões. Ser comandante é ir além da gestão. É ultrapassar as nuvens da acomodação e ser um pesquisador de resultados. O seu propósito é criar disciplina na equipe e comprometimento em cada indivíduo. Assim, cada membro do time passa a ter responsabilidade e autonomia. E isso significa dividir o poder.

O conceito é muito bonito, mas, para alguns líderes, dividir o poder é um grande desafio. Ao mesmo tempo que ele inspira as pessoas a serem independentes e a tomarem suas próprias decisões, ele sente que perdeu o poder absoluto. A cada tarefa que solicita e diz "agora é com você", ele não só delega poder, mas se distancia da condição de líder autocrata e detentor absoluto dos créditos. Para muitos gestores narcisistas, isso é a morte.

"A sua palavra tem de ter energia, poder, para que a sua performance seja completa é preciso ouvir a equipe."

Já em uma aeronave, a gestão é compartilhada. Se eu decolar o avião, é o copiloto que o pousa, e vice-versa. Naquele ambiente, se está sempre trocando as tarefas e decidindo junto cada procedimento. Por isso pergunto: quem é o seu copiloto? Hoje, por menor que seja o seu negócio, é preciso dividir o comando e as tarefas operacionais para que haja tempo para ser criativo.

Se ainda não pensou em ter alguém do seu lado, sempre quis abraçar tudo sozinho, não se desespere. Saiba que este tipo de comportamento é normal. Fomos educados para sermos líderes centralizadores de poder. Mas entenda que a cultura da liderança mudou. O papel do líder não é mais dar ordem, mas ordenar as pessoas.

Você tem várias pessoas com vários papéis na sua empresa ou equipe. Elas são como as cartas de baralho. Há os gestores, representados nas cartas por reis. Outros são damas ou valetes; tem os especialistas e alguns são tão habilidosos,

"O papel do líder não é mais dar ordem, mas ordenar as pessoas."

verdadeiros ases. Há aqueles que são genuínos curingas, pois se viram e se transformam a cada momento. Também tem os mais jovens, os estagiários, que ainda estão aprendendo o ofício. E, no meio de perfis tão distintos, você, como líder, precisa gerir a todos, se envolvendo com a equipe e entendendo o que ela pensa. É assim que se cria resultados sustentáveis e fortes. E quem está acima de todos é o 10: o desempenho.

O líder moderno precisa desenvolver sua inteligência emocional, para não se contaminar com aqueles da tripulação que estão despreparados emocionalmente. Também não pode deixar que o orgulho pessoal seja maior que a disciplina e o respeito. Quando partimos para a ofensiva sem inteligência, o máximo que vamos conseguir é desestruturar a equipe e os resultados. E não é este o papel de um líder.

O líder entre o caminho da admiração e da negação

Como será que a equipe enxerga o comandante quando ele dá uma ordem? Existem dois caminhos ou duas reações: a admiração ou a negação. Ser admirado é muito mais difícil do que ser criticado e negado. Ser admirado pela equipe não é resultado apenas de uma performance técnica, mas fruto de um relacionamento. Você pode ser um líder planejado, que executa e entrega 100% das tarefas na data prometida. Pode ser alguém exemplar, que chega ao escritório antes de todos e é sempre o último a sair. Mas, para ser realmente admirado, precisa aprender a ouvir o que a equipe tem a dizer e dar valor à sua tripulação.

O gestor precisa semear a concórdia, entender a visão dos demais, criar vínculos e propagar a arte da gestão. Faça isso agora, não deixe para amanhã, porque, infelizmente, vivemos em um mundo frágil. Se alguém tem de quebrar as barreiras e ser antifrágil, este tem de ser você. Lembre-se de que nada é para sempre e, ao contrário das antigas gerações, não existe mais um plano de carreira. O que existe é carreira para os planos. No geral, os liderados querem já começar por cima, pular etapas e ganhar muito. Por esta razão, para manter a fidelidade à empresa e fazer a equipe vestir a camisa, o líder tem de ter estratégias que aproximam as pessoas, que acolhem e seduzem. Sim, liderar é seduzir e encantar as pessoas, trocando o medo pela paixão.

As equipes são compostas por pessoas cheias de ansiedade e com pouco controle emocional. Por isso, você deve ser um alicerce emocional, um porto seguro onde cada indivíduo pode expor seus medos e ansiedades. Com a rápida expansão do mundo digital, crises e pandemia, as incertezas floresceram. Vivemos hoje em um ambiente volátil e imediato. A frase "vou pensar no seu caso" não existe mais. A tolerância acabou. Por isso, todos temos de entrar no ritmo novo da gestão digital. As oportunidades são *pop-ups*. Se pensar muito, perdeu. Hoje, os fatos não são mais lineares. Ao contrário dos algoritmos de inteligência artificial, não existem mais resultados repetitivos no mundo. Cada hora aparece algo novo, um elemento, um cenário, um vírus, e as prioridades mudam em segundos.

Estar no comando ou ser comandante?

Um piloto de avião faz suas previsões, *check lists* em cada pouso e decolagem, segue o plano de voo, mas não controla o clima, as turbulências e o tráfego aéreo. Por isso, ele precisa imaginar e reimaginar o que vem pela frente. Dele espera-se que esteja atento a todas as possibilidades, que tenha um plano A, B, C, D, pois nada é impossível. Já aqui embaixo, assim como o clima muda com o vento, as pessoas mudam eventualmente. E as reações muitas vezes são incompreensíveis tanto para o lado do líder quanto para os liderados. Isso acontece porque as variáveis são muitas e incontroláveis.

Então, como tomar decisões coerentes se mudamos de opinião o tempo todo? O que é correto e aceito hoje deverá ser banido amanhã. Recentemente, foi criado um conceito identificado pelo acrônimo BANI (*Brittle*, *Anxious*, *No linear*, *Incomprehensible*). Em resumo, estas palavras em inglês querem dizer que a fragilidade no ambiente de trabalho, a ansiedade, o pensamento desestruturado e a percepção de caminhos ou soluções que saem fora da lógica já fazem parte do nosso dia a dia.

Nós, líderes do amanhã, estamos no meio deste mundo BANI e temos de ensinar nossas equipes a conviverem melhor e se adaptarem à instabilidade do clima destes novos tempos, em que a tolerância acabou. Já não são mais permitidos segundos de pausa em nossa comunicação. Recebemos uma mensagem e somos obrigados a responder imediatamente, muitas vezes sem refletir. Este hábito que floresceu nas gerações anteriores também está sendo adotado pelos líderes mais experientes. Só que ninguém nos treinou para isso.

Então, o que você está fazendo para se adaptar ao novo? Um comandante de voo, de seis em seis meses é obrigado a passar por vários testes físicos, psicológicos e emocionais. Ele precisa ir a um simulador, se testar diante de acidentes, reaprender procedimentos, esquecer antigos processos e se ajustar a uma nova aeronave. Infelizmente, não existe simulador de liderança e de comunicação em nossas empresas. Esta é uma atitude que tem de ser pensada pelo gestor: como simular uma catástrofe, uma crise, um problema na entrega ou na recepção? Se você não fizer isso, não terá aprimoramento nos seus processos de venda e de gestão.

Há líderes que pensam muito nos detalhes da tecnologia, mas não observam a atmosfera da empresa. Ainda mais depois que a pandemia fez de cada casa uma extensão da companhia. Lá, os desafios são ainda maiores, as distrações inúmeras e a cobrança é enorme, inclusive da própria família. Como você está liderando sua equipe de forma on-line, uma vez que nunca existiu um curso de liderança para momentos como os trazidos pela Covid-19?

Independentemente do cenário, um líder tem de estar atento ao chamado da sua equipe, mesmo que isso doa um pouco. Este é o preço para ele ser lembrado amanhã. O que percebo é que cada dia está mais difícil manter a alta performance e os resultados sustentáveis. Por isso, o papel do comandante inspirador tem de ser incorporado ao líder hoje, com urgência. Veja como estão os tripulantes da sua aeronave, se não estão desanimados, soltos, perdidos, enrolados, sem direção ou energia para trabalhar. O propósito de um líder é estimular cada pessoa da equipe. Quando bem-sucedido, os resultados começam a aparecer, tanto na parte digital quanto na presencial. Equipes energizadas, motivadas, mesmo que não estejam fisicamente presentes, fazem a diferença. Aliás, existe uma diferença entre estar no comando e ser o comandante. Lembre-se: quando se é o comandante, você é o exemplo. De que lado você quer estar?

"Um líder tem de estar atento ao chamado da sua equipe, mesmo que isso doa um pouco. Este é o preço para ele ser lembrado amanhã."

Liderança é comunicação!

Dado Schneider

Líder ou chefe? Qual a expressão mais correta? Dizer que "chefe" é uma nomenclatura do passado e que "líder" é uma definição moderna, para mim, não faz diferença. Digo isso porque, no passado, tive grandes chefes, com quem aprendi muito e, hoje, me deparo com alguns líderes que não chegam nem ali na esquina. O mais importante, independentemente da definição, é que estas pessoas exerçam bem o papel de comandantes de equipe. E logo você vai entender por que digo isso.

Vou fazer uma comparação entre épocas: a nossa cabeça ainda é regida e formatada pelo que ouvimos no século 20, um período que defino como verticalizado em todos os setores (família, escola, organizações). Um manda em outro, que manda em mais outro e, assim por diante, até chegar à base. Pois, neste formato, havia uma dificuldade muito grande de se crescer na vida – isso sem contar que também havia limites. O século 20 se caracterizava por se ter a autoridade imposta, algo muito diferente do que vemos hoje. A mente, naquele período, foi preparada para entender que, para ser bem-sucedido, era preciso galgar postos e ascender na profissão. Isso sem

"Conquistar autoridade não é ser frouxo, puxa--saco, molenga... é possível manter a autoridade sem necessariamente ser autoritário."

falar que não havia integração do todo e os departamentos se blindavam como feudos. Era cada um fazendo única e exclusivamente o seu trabalho. E era muito comum se ouvir frases tais como... "este problema não é nosso, e sim do financeiro". Hoje, ainda somos muito influenciados por este pensamento.

Contudo, o século 21 traz uma agenda horizontal, que é completamente diferente. Hoje lida-se com inclusão, diversidade, compartilhamento, cooperação – além de mais preocupação com as pessoas e com o planeta. Hoje, não há limites para expansão. As mudanças são fantásticas, mas trazem consigo um paradoxo. Isso porque, neste momento, passamos por uma grande transição. Apesar de já estarmos na terceira década deste século 21, ainda vivemos com resquícios de atitudes do passado. Resultado: faz mais de 20 anos que o século 20 não deixa o século 21 decolar com a sua agenda. Já faz duas décadas que, guardadas as devidas proporções, a autoridade ainda tenta se impor, apesar de o conceito já ser outro. Autoridade, hoje, é algo que não é mais imposto, mas, sim, conquistado. Lembrando que conquistar autoridade não é ser frouxo, puxa-saco, molenga... é possível manter a autoridade sem necessariamente ser autoritário. E isso também vale para pais e professores.

Como pesquisador de comportamento humano, acompanho e investigo bastante a Geração Z, que são os nascidos entre 1995 e 2010. São mentes que não temem, mas que respeitam autoridades – somente quando estas se fazem ser respeitadas, ou seja, quando dão exemplos, ensinam, caem, levantam, trabalham junto e dão retorno. É gente com uma outra visão do assunto, não mais com um olhar hierarquizado, de cima para baixo. Todos são iguais, independentemente dos cargos e das insígnias. Todos estão no mesmo barco.

As décadas de 1920 e 2020

Trabalhei por muitos anos com Publicidade e Marketing, fui consultor de empresas, professor e sou mestre e doutor em Comunicação. Durante minha trajetória, venho palestrando muito, pontuando como sou apaixonado por um período que já estudei bastante: a década de 1920. Foi um período luminoso, em que saímos da Primeira Guerra Mundial (1914-1918), e quando houve um grande salto nas artes, um desenvolvimento tecnológico espetacular, muitos avanços sociais e abertura ao direito das mulheres, entre outras peculiaridades.

Nas palestras presenciais, eu ressaltava que, cem anos depois, estávamos tendo a sorte de também entrar em uma Década de Vinte com avanço tecnológico, explosão das artes, avanços sociais e de direitos de minorias – e tudo isso sem ter passado por uma guerra. E, também, eu sustentava que, ao longo desta década em que estamos, o modo de pensar do século 20 se enfraqueceria e que deixaria, lentamente, a agenda do século 21 entrar em cena. Bem, eu dizia isso antes da pandemia.

Entretanto, o que está acontecendo agora? Fazendo uma comparação grosseira, o mundo enfrenta uma espécie de

"A pessoa que lidera tem de estar muito atenta às pessoas do seu time, porque não dá mais para esconder sentimentos."

guerra, pois temos um inimigo em comum: a Covid-19 e suas variantes. E este adversário fez toda a sociedade passar por uma necessidade urgente de mudar a maneira de ser, de pensar e de agir. Atenção: esta situação inesperada – a pandemia – fez com que o pensamento do século 20 simplesmente saísse de cena, dando espaço, finalmente, ao século 21, que traz novos modos de pensar e mais agilidade, em função da velocidade das mudanças.

Então, como fica o gestor, em meio a tudo isso? Certamente, é muito mais complexo ser líder hoje, porque muitas pessoas que estão em postos de chefia, se não nasceram no século 20, foram impactadas pela maneira de pensar então vigente. Agora, temos de lidar com métodos ágeis, compartilhamento de informações, cooperação... e o líder tem de ouvir mais, conversar mais, estudar mais e se atualizar mais. Neste último ponto, as redes sociais são ótimas para mostrar algumas evidências: basta se ver a quantidade de pessoas que abrem o seu coração, independentemente da idade. No passado, a regra era não demonstrar sentimentos. Não era bem visto dizer que se estava mal e nem pedir ajuda ao colega de trabalho. Mas, hoje, isso ficou para trás. Todo mundo pede ajuda, desabafa e a pessoa que lidera tem de estar muito atenta às pessoas do seu time, porque não dá mais para esconder sentimentos.

E aí vai uma dica de ouro: não importa quanto tempo você tem de experiência profissional ou comandando equipes: surgiu um novo jeito de ser, pensar e agir. Ele apareceu faz mais de 20 anos porque, quando a internet entrou na nossa casa e no nosso ambiente de trabalho, começou a mudar, justamente, a nossa atual maneira de ser, pensar e agir. E quem tem obrigação de se adaptar é quem comanda. É preciso atualizar o seu comportamento para conhecer melhor as pessoas que lidera e poder tirar o melhor delas. Também é importante ser compreensivo para saber quando não dá mais para pressionar. Isso garante uma boa administração de pessoas.

Concluindo: no século 21, se "comanda", ou seja, "manda-se junto", se lidera com a ajuda de quem está sendo liderado. Então, procure entender mais de Comunicação e ler sobre "emissor, mensagem e receptor". Afinal, comunicação não é o que o emissor fala, e sim o que o receptor entende. Esta é a essência da comunicação. E, mais do que nunca, neste século 21, Liderança é Comunicação.

Demissão também exige planejamento

Daniela do Lago

Para ser demitido hoje em dia basta estar empregado, não é mesmo? Assim como ser contratado ou promovido faz parte do jogo corporativo, a demissão também entra nessa jogada. Mas, mesmo assim, o desligamento continua sendo muito temido, principalmente para quem não tem as rédeas e o controle da carreira. E todo funcionário pode ser demitido basicamente por três razões:

1º) **Problemas de conduta:** são as atitudes que vão de encontro com o código de ética da empresa, como roubar, agredir alguém etc.;

2º) **Problemas de performance:** essa é a razão mais comum, quando o colaborador não atinge as metas de maneira satisfatória para empresa;

3º) **Reestruturação:** esse caso, na minha concepção, é o mais complexo, pois depende de questões mercadológicas ou da propriamente estratégia da empresa.

Não é segredo para ninguém que não só o Brasil, mas o mundo, está passando por uma crise econômica. Trabalho na área de gestão de pessoas, sou professora e pesquisadora dos temas ligados à minha área de atuação, e toda semana me deparo com anúncio de alguma empresa fazendo uma reestruturação. Nesse momento, a pergunta que fica no ar é a seguinte: será que as demissões são sinal de fracasso da administração?

"As demissões devem ser uma solução de último recurso da empresa e da liderança."

Uma empresa demite quando comete um erro de estimativa de demanda do mercado, quando não consegue antecipar algum desenvolvimento crítico ou quando não cria planos estratégicos de contingência. Ao se confrontarem com seus próprios erros, os dirigentes tentam resolver o problema por meio de cortes de custos. Afinal, é muito mais fácil e rápido demitir pessoas do que fechar fábricas, vender equipamentos e fazer os ajustes necessários. Contudo, as demissões devem ser uma solução de último recurso da empresa e da liderança.

Como evitar erros estratégicos que levam a demissões

Do ponto de vista da responsabilidade social, as demissões podem, sim, destruir vidas. E do ponto de vista da organização, elas destroem a confiança e o respeito mútuo que são precisos para tornar a empresa bem-sucedida. Em uma época em que encontrar e manter pessoas certas é mais importante do que nunca para o sucesso da empresa, as demissões são uma demonstração do fracasso dos seus líderes, embora isso não seja muito comentado.

Existem vários outros modos de administrar o custo da mão de obra sem recorrer às demissões. E um desses meios é mais vigilante na hora da contratação. Não contrate ninguém, a menos que esteja firmemente convencido da necessidade desse colaborador em longo prazo. Para o aumento da demanda em curto prazo, invista ou nas horas extras ou na contratação de funcionários em regime temporário. Além disso, os dirigentes podem também adotar uma estratégia de crescimento sustentado de mão de obra. O importante é que os administradores procurem pensar criativamente.

Um bom líder deve planejar e pensar bem antes de tomar a decisão da demissão. Sejamos realistas: entendemos que demitir é uma condição normal, inevitável e, muitas vezes, até necessária para o negócio girar. As empresas precisam eliminar empregos mesmo em épocas boas para se manterem competitivas em longo prazo, ao mesmo tempo que protege os interesses dos acionistas para evitar demissões maiores no futuro. E quem tem a responsabilidade de informar o profissional sobre o seu desligamento? E quais os cuidados que o líder deve tomar para que o processo de demissão fique menos traumático, tanto para quem conduz quanto para quem vai receber essa notícia?

"Um bom líder deve planejar e pensar bem antes de tomar a decisão da demissão."

Vamos esclarecer de uma vez por todas: a demissão deve ser encabeçada pelo chefe direto do profissional, e não por alguém do Recursos Humanos. A área de RH é fundamental para apoiar e munir com todas as informações necessárias para que as demissões sejam feitas de forma correta. Mas quem é o responsável por fazer este desligamento é o líder. Afinal de contas, foi ele que decidiu pela contratação daquele profissional, que cobrou metas, que deu um *feedback* sobre os trabalhos realizados e conviveu com aquela pessoa. Isso faz parte da atribuição de qualquer cargo de liderança. E o pior erro que um gestor pode cometer na carreira é deixar esta tarefa a cargo do RH, pois é uma demonstração de desrespeito para com o demitido. Aliás, na minha opinião, qualquer líder que não é capaz de lidar com essa situação, deveria liberar o cargo, pois não está preparado para o exercício da liderança.

Passo a passo: como agir na hora de demitir?

Demitir alguém não é agradável. É uma tarefa difícil e é preciso tomar alguns cuidados específicos para administrar esse processo de maneira decente e adequada. Quando o líder não faz isso, pode falar o que não deveria no momento da demissão e o demitido pode se sentir desrespeitado, situação que pode até gerar uma ação trabalhista no futuro. Como já mencionei, a demissão não deve ser a primeira alternativa. Ofereça um prazo ao funcionário, avise que ele estará no período de correção e diga que, após este ajuste, a decisão tomada pode ou não levar ao desligamento.

E se a demissão for o resultado final, como fazer isso da melhor forma? Segue então um passo a passo com uma série de dicas que vão lhe ajudar a agir na hora do corte, principalmente no aspecto comportamental. E a primeira delas é: a empresa deve construir uma política clara para demissões e assim evitar situações arbitrárias. Além disso, o processo de demissão deve ser planejado detalhadamente, e nesse ponto, a área de RH é fundamental.

Nunca tome medidas precipitadas antes da demissão oficial, tais como: cortar o crachá do funcionário que será demitido, bloquear o cartão de ponto, retirá-lo do sistema interno... peça para o RH informar qual é a data exata que você pode conduzir essa demissão e aja em parceria com este departamento. Por exemplo, sabia que a folha de pagamento tem uma data certa para fechar o ponto? E que se você demitir aquele colaborador em uma data diferente, a sua empresa vai gerar encargos extras desnecessários? O RH é seu parceiro e, por isso, contamos com um departamento de Recursos Humanos estratégico dentro da organização.

Segundo ponto: evite o excesso de confiança, não deixe a informação vazar e faça um *backup* de todos os arquivos do funcionário antes de comunicar a demissão. Esse é um procedimento de segurança do patrimônio intelectual da empresa. Importante: nunca, jamais, em hipótese alguma a demissão deve ser comunicada por telefone, SMS, WhatsApp... nunca! A demissão deve ser feita olho no olho, da mesma maneira que foi feita a admissão. Lembre-se: a demissão também é uma quebra de relacionamento.

Convoque o demitido para uma reunião curtinha, de dez minutos no máximo. Afinal de contas, você já tomou a decisão de demitir a pessoa. Este é um bate-papo informativo, não é um momento de negociação. A decisão já foi tomada. O momento de discutir, negociar, acordar novos comportamentos já foi! Você já deu os *feedbacks* para a pessoa sobre o trabalho. E dê essa notícia na parte da manhã, e de preferência na segunda-feira. Muitas demissões acontecem na sexta-feira, na parte da tarde. Eu sei que o dia da demissão vai ser desagradável em qualquer ocasião, mas acontece que se você o comunicado acontece em uma segunda-feira, a rotina da sociedade está diferente. O demitido pode imediatamente sacudir a poeira e conseguir reverter a situação até num curto espaço de tempo, do que quando o desligamento acontece em uma sexta e tem o final de semana para se deprimir. Isso é pautado em pesquisa comportamental.

E por que fazer logo de manhã? Considero falta de sensibilidade deixar a pessoa trabalhando o dia todo e, somente no final do dia, fazer o desligamento. Se for para demitir, faça logo cedo. Também tenha sempre em mãos todos os cálculos necessários para informar ao demitido. O primeiro pensamento que vem à mente da pessoa é saber quanto será o seu fôlego financeiro. O RH o ajuda a fornecer todas essas informações como banco de horas, férias, horas extras... mostrar isso a ela já minimiza a ansiedade.

E prepare-se para administrar a reação emocional do demitido. Se ele se descontrolar, fique calmo, não tente discutir. Saiba controlar os seus próprios sentimentos, pois o desrespeito no momento da demissão pode trazer outras retaliações e manchar a imagem da empresa no mercado. É perfeitamente normal o demitido ficar nervoso.

Ninguém nesse momento leva a situação "super de boa". Posso não ter o poder de controlar o outro, mas posso me controlar nesse momento. Esteja muito consciente e com foco emocional.

Explique claramente o que precisa ser devolvido e o que pode ficar com o demitido. E é no momento dessa reunião que é comunicado o que pode ficar com o agora ex-funcionário e o que deve ser devolvido. E aí vale reconhecer somente o esforço e dedicação daquela pessoa durante o tempo em que ficou na empresa. Diga a seguinte frase: "Quero lhe agradecer pelo período em que estivemos juntos." Só isso, ok? Muita gente acaba ficando tão constrangida nesse momento que fica elogiando a pessoa, sem se lembrar que a está demitindo. Não é o momento de elogios efusivos, e muito menos de uma "lavagem de roupa suja", pois isso já foi feito no dia a dia. Tenha em mente que, naquele momento, está havendo uma quebra de relação. Esteja pronto para responder às perguntas e desenvolva um roteiro do que a pessoa deve fazer assim que sair da sala (pegar os pertences pessoais, continuar trabalhando, se dirigir ao RH, se despedir ou não dos colegas). Cada caso é um caso e vale analisar isso na sua organização.

Faça o demitido assinar uma documentação quando sair da sala. E quem é responsável por providenciar isso? O RH. E se porventura ele se recusar a assinar a carta de demissão, chame uma testemunha, que pode ser o profissional do RH. E olha: o RH não precisa estar na sala. Você pode conduzir todo o processo.

E após tudo isso, assim que o agora ex-funcionário sair da sala de reunião, imediatamente chame toda a equipe para informar sobre a demissão. Eu fico chocada como as paredes têm ouvidos na empresa. Apesar de manter o assunto de maneira sigilosa, enquanto o líder está lá demitindo e acha que a equipe está trabalhando, na verdade todos estão de olho no movimento. Então comunique o que houve sem entrar em detalhes. Diga que a empresa deu toda a assistência justa àquele profissional e o que é mais relevante: que não haverá mais demissões. Assim, todo mundo pode vencer aquele luto no outro dia. O fato é que voltar ao trabalho naquele momento ninguém vai voltar. Naquela segunda ninguém trabalha, na terça de manhã as pessoas ainda ficam esquisitas lembrando do ocorrido... e na quarta-feira ninguém se lembra mais e volta ao trabalho. Isso é uma dica para você!

> "Demitir alguém não é a tarefa mais admirável, mas faz parte do jogo corporativo e depende do líder tornar a demissão um processo menos traumático."

Além da comunicação interna, faça também a externa, informando não só a todos da empresa, como também aos fornecedores e clientes, que aquele profissional não faz mais parte do quadro de funcionários, e assinalando também quem vai assumir interinamente. Demitir alguém não é a tarefa mais admirável, mas faz parte do jogo corporativo e depende do líder tornar a demissão um processo menos traumático. E assim como sua empresa deve promover e valorizar quem merece e se destaca no trabalho, a demissão é uma alternativa para aqueles que não correspondem aos objetivos traçados.

Primeiro, importe-se com as pessoas... depois, as lidere!

Prof. Edison Andrades, o Professor Atendimento

"Para que você possa ajudar alguém ou a sua equipe, precisa ajudar a si mesmo."

Quem já andou de avião sabe que, em algum momento, a comissária vai dar algumas informações. Uma delas é que, em caso de despressurização, máscaras de oxigênio cairão à sua frente e que, primeiro, você deve colocar a máscara em si mesmo para só então ajudar alguém. Obviamente, quando ouvimos essa recomendação, podemos até pensar: "Imagine! Se eu estiver com meu filho, meu pai ou outra pessoa a quem amo muito, primeiramente buscaria ajudá-los, e depois pensaria em mim".

Mas a orientação, naquela situação, é o contrário: coloque em você primeiro, porque assim receberá mais oxigênio e, dessa forma, terá mais condições de ajudar os demais. Na liderança não é diferente. Para que você possa ajudar alguém ou a sua equipe, precisa ajudar a si mesmo. Um dos pontos principais de liderança que defendo bastante é que devemos entender qual é a posição em que nos encontramos na empresa, assim como na vida.

Imagine que o cargo que ocupa seja uma bolha. Sim, as organizações têm bolhas, que estamos mais acostumados a chamar de vagas ou oportunidades. E existem três formas de ocupação dessa bolha.

No primeiro caso, posso ser bem menor em relação à bolha em que me encontro, o que significa que o grau de exigência da empresa para aquela função é muito maior do que a minha capacidade de entrega. Quero destacar que as organizações remuneram a bolha por aquilo que lhe será oferecido, e não pelo indivíduo. Quando o colaborador é menor que o espaço que ocupa, significa que está dando prejuízo, pois não consegue ocupá-lo por inteiro. Ou, em outras palavras, não atende às expectativas e a missão é grande demais comparada à sua estatura profissional.

Estudei Psicologia e me lembro de que, no primeiro semestre de aulas, fiz uma prova e julguei que tinha ido muito bem. Mas entre a expectativa de ganhar uma nota 8 ou 9 e a realidade, tirei menos de 4. Depois daquela ducha de água fria, pensei até em abandonar o curso, pois julgava que ele era maior que minha capacidade. Aquela bolha era maior do que eu, mas não desisti e, cinco anos depois, concluí a graduação e saí maior do que quando entrei.

O líder tem de enxergar isso dentro de uma empresa. Particularmente, até gosto em certos aspectos, destes liderados menores, porque sei que muitos deles se esforçam ainda mais e vão em busca de crescimento. Foi o que tentei fazer com aquela matéria da faculdade. Tem pessoas que crescem na bolha e acabam se tornando do mesmo tamanho que ela. Devidamente ajustado. Ou seja, passam a entregar exatamente aquilo que a função exige. Nem mais nem menos. Tudo agora é bem tranquilo. Mas qual é o grande risco? Acomodação.

Tem gente que estagna, fica naquela mesma posição, acostuma-se e não sai mais daquilo. Mas, por outro lado, tem aqueles que continuam crescendo e se tornam maiores que a bolha. Portanto, se antes davam prejuízo, agora entregam mais que o esperado, produzem mais do que aquilo que recebem, pois, lembremos, o mercado remunera a bolha. Muitos líderes não têm esse olhar, mas precisam enxergar a equipe com uma visão super. Isso significa entender em que nível cada um está. Profissionais maiores que a bolha são aqueles que já superam aquilo que lhes foi entregue como missão. E quando isso acontece surge um novo desafio para o líder, que precisará encontrar ou criar uma bolha maior para acomodar este colaborador. Se não o fizer, provavelmente acabará por perdê-lo.

Por que você deseja ser líder?

John Maxwell fez uma pergunta fantástica sobre liderança: "Por que desejei ser líder?". Este é um questionamento importante para que seja feito quando aceitamos este desafio. Ninguém é líder sem querer. Todos os dias fazemos esta opção. Imagine-se diante desta pergunta, tendo quatro alternativas para marcar. A primeira é que desejou chegar à liderança por conta do dinheiro. Isso é bacana, pois significa, geralmente, ganhos maiores e uma condição financeira mais confortável. A segunda opção é ganhar poder. Afinal, ter autoridade e comando sobre um grupo também é muito fascinante. A resposta seguinte é status, uma vez que aquela posição lhe conferirá um tratamento diferenciado, acesso a lugares privilegiados da empresa, participação em reuniões decisórias e alguns benefícios. E a quarta opção é: você desejou ser líder por interesse genuíno nas pessoas.

"Ninguém é líder sem querer. Todos os dias fazemos esta opção."

Não sei qual realmente seria a sua resposta, mas esta última é a única que sustenta todas as anteriores. Ela implica interesse por inteiro nos demais membros da equipe, porque são eles que lhe trazem dinheiro. Enquanto você, como líder, está em uma reunião, em um treinamento ou de férias, seus liderados estão trazendo os ganhos financeiros para o seu setor. E o poder? É sua equipe quem lhe dá o poder, e inclusive o tira. Faz o mesmo com o status.

Por falar nisso, sabe o que realmente é status? É quando, dez anos depois de não mais trabalhar em uma determinada empresa, você ocasionalmente se reencontra com uma pessoa de lá, que já não mais lidera e ela fica tão feliz com a situação que o trata como se você ainda fosse seu supervisor, gerente ou diretor. Portanto, o interesse genuíno nas pessoas faz toda a diferença, quer dizer ser importante para elas. Vou definir melhor o sentido mais profundo da palavra importante. Quer dizer importar, ou seja, se você é importante para mim, eu importo você em mim. Você passa a habitar em mim. Portanto, ser importante para as pessoas é ser importado para dentro delas.

Digo mais: todos somos resultados de figuras que foram importantes para nós. Somos uma miscelânea de muitas pessoas valorosas que habitam dentro de nós. Portanto, ser líder é ser importado pelas pessoas. Voltando a Maxwell, a grande razão de ser líder é valorizar aquilo que é importante para os liderados. O segredo dele não é só bater as metas. Isso tem de ser feito mesmo. O verdadeiro líder se importa com as causas daqueles que caminham com ele e, quando isso acontece, consequentemente, os resultados são alcançados.

Portanto, se interesse por aquilo que faz a diferença na vida das pessoas. Muitas vezes, isso não tem nada a ver com número. E antes de encerrar, quero apenas deixar uma pergunta para você, que é líder ou pretende vir a ser: de quem é a meta? Um dia, perguntei isso para uma turma e alguém me disse: "Professor, a meta é nossa, da nossa equipe". E eu disse: "Não. A meta é sua. A cobrança é sobre você. É de você que vão cobrar". Isso é fato. Mas para que cada um, como líder, alcance a sua meta, é preciso antes se importar com as causas que cada integrante da equipe tem, ajudando-os a alcançá-las. Quando você faz isso, acaba também encontrando suas próprias metas. Isso acontece porque o sucesso é subproduto do valor que você cria para os outros. Nunca se esqueça disso!

"O verdadeiro líder se importa com as causas daqueles que caminham com ele."

O gestor como agente transformador e mobilizador de estratégias

Eduardo Carmello

Foi Napoleão Bonaparte quem disse que "na estratégia, decisiva é a aplicação". E é sobre isso que quero falar com você, gestor ou gestora. Sou diretor da Entheusiasmos Talentos Humanos, e nosso trabalho, em essência, é ajudar as organizações na melhoria de performance e no alcance dos seus objetivos estratégicos. Para isso, usamos um modelo de gestão chamado Balanced Scoredcard (BSC), que permite mensurar o desempenho e o progresso de uma empresa. Aqui abordarei as sete práticas de liderança que correspondem ao que chamamos no BSC de Cinco Princípios Gerenciais para se Tornar uma Organização Orientada à Estratégia: tradução, alinhamento, responsabilização, adaptação e mobilização.

A começar pelo primeiro deles, é muito importante conseguir traduzir a estratégia de forma que ela possa ser compreendida. Uma questão abordada por Robert Kaplan – que, ao lado de David Norton, introduziu o método BSC em artigo publicado em 1992 – é a diferenciação entre comunicar estratégia e traduzir a estratégia. Comunicar estratégia é pegar o mapa estratégico, por exemplo, e mandar por *e-mail* para que as pessoas aparentemente consigam entender o que está sendo apresentado: objetivos, indicadores e iniciativas. Outra coisa é ajudar os funcionários dentro da organização a compreender exatamente qual é o Norte, as metas e como eles podem contribuir para isso. Grosso modo, como criar um sistema de incentivo que favoreça a busca dos objetivos estratégicos?

Quanto ao segundo princípio, o alinhamento diz respeito ao vínculo entre as diferentes partes da organização. Por exemplo: eu faço um mapa estratégico e institucional e depois o desdobro para diferentes partes e áreas. O que se busca aqui é fazer com que todos tenham um alinhamento de trabalho a partir daquilo que está estabelecido no projeto institucional. Em seguida vem a responsabilização. Esse é um grande desafio, pois requer engajar a organização – líderes e liderados –, fazendo com que a estratégia seja responsabilidade de todos, e não apenas de alguns. Não se trata de uma tarefa fácil, mas é essencial para alcançar os objetivos estratégicos.

O quarto princípio é adaptação que, neste sentido, é justamente aprender com os desafios e, de tempos em tempos, observar se estamos perto daquilo que foi estabelecido. Havendo discrepâncias, é preciso analisar suas causas e criar iniciativas para que possamos dar continuidade à estratégia. E, por fim, mobilizar um processo de mudança por meio da liderança. E essa é a razão aqui da nossa conversa. Portanto, continuemos para que fiquem claras quais são essas grandes práticas que ajudam um gestor a transformar a estratégia em excelência operacional. Como diz uma máxima da administração, não se pode gerenciar o que não se pode medir; e não se pode medir o que não se pode descrever, observar e verificar.

Práticas estado da arte no cotidiano da organização

A trilogia descrever, observar e verificar é fundamental para que, a partir dela, se possa definir o que chamarei de práticas estado da arte no cotidiano da organização. São os sete componentes fundamentais para que o gestor possa transformar o planejamento, converter a estratégia em excelência operacional: traduzir, iniciativas, alinhar, comunicar, engajar e capacitar, avaliar e, por fim, atualizar.

Peter Drucker disse que "o planejamento estratégico não é uma tentativa de predizer o que vai acontecer. É um instrumento para raciocinar agora sobre que trabalhos e ações serão necessários hoje para merecermos um futuro. O produto final não é a informação: é sempre o trabalho". Uma pesquisa publicada com o selo da prestigiada Harvard traçou um parâmetro entre excelência na execução e excelência no planejamento. Eles perceberam que somente 8% dos líderes têm uma excelente integração entre planejamento e execução. E você? Em que nível está: pouco efetivo, efetivo ou muito efetivo no que diz respeito ao equilíbrio entre estratégia e execução? Faça uma reflexão!

"Não se pode gerenciar o que não se pode medir; e não se pode medir o que não se pode descrever, observar e verificar."

O alinhamento entre uma e outra é fundamental, ainda mais neste mundo Vuca (volátil, incerto, complexo e ambíguo), pois é o que leva ao crescimento sustentável. É muito importante, neste ambiente de altíssima complexidade, ter uma equipe de líderes que sejam ao mesmo tempo disciplinados no planejamento e na execução estratégica. Ao mesmo tempo, estes devem ser inovadores, no sentido de estarem sempre procurando como fazer uma melhor entrega dos objetivos que o mapa estratégico propôs. Como já dizia Larry Bossidy e Ram Charan, "executar não é apenas algo que se consegue ou não fazer. É um conjunto específico de comportamentos e técnicas que as empresas precisam dominar para ter uma vantagem competitiva".

Voltando à questão previamente apresentada, as sete práticas de gestão podem ser divididas em três partes. A primeira é a Fase de Implantação e Alinhamento. Ela contempla o traduzir, o gerar iniciativas, o criar o alinhamento e a comunicação. O papel de cada uma em relação a esta fase deve ser:

- conseguir transmitir claramente a estratégia pela organização inteira (você é o grande agente de conhecimento sobre estratégia);
- conseguir demonstrar os vínculos importantes entre estratégia, objetivos, indicadores, metas e plano de ação;
- transmitir constantemente dados sobre o desempenho da organização inteira (aqui você tem as reuniões e os demais canais de comunicação, por onde é informado

o desempenho da organização e das pessoas em relação às metas estratégicas);

- fornecer informações relevantes sobre resultados e processos efetivos de maneira clara, concisa e proveitosa.

Isso faz parte das quatro primeiras práticas e estão ligadas justamente à compreensão da estratégia. Depois tem-se uma segunda fase, chamada de Manutenção, que é fazer acontecer a estratégia. Nessa fase há dois grandes desafios, que são as fases do Engajamento e da Capacitação dos funcionários. O trabalho aqui é:

- conquistar clareza, confiança e credibilidade, alinhando estratégia e execução, assim como discurso e prática gerencial;
- criar efetivamente uma cultura de relacionamento responsável e eficaz em que cada funcionário compreenda como maximizar a sua performance;
- potencializar as competências dos talentos, oferecendo acompanhamento e *feedbacks* constantes e construtivos.

Essa é a parte em que se operacionaliza a estratégia a partir da equipe. Obviamente, não só gerando orientação, engajamento e capacitação, mas oferecendo condições para que os colaboradores possam se mobilizar e alcançar os resultados estratégicos.

Depois, tem a terceira fase, chamada de Progressão, que requer sempre fazer avaliação da estratégia, indicadores e metas. Aqui os objetivos são:

- construir reuniões eficazes de análise da estratégia, da operação e do aprendizado, mantendo a firmeza de propósito com os resultados prometidos;
- orientar a equipe para manter o foco, proatividade, flexibilidade e antecipação, respondendo aos desafios de velocidade e de qualidade de entrega;
- preparar talentos para serem responsáveis e autônomos, envolvendo e empoderando a equipe na solução de problemas e na busca de oportunidades.

O líder responde pelo aumento da excelência

Essas três fases (Implantação e Alinhamento; Manutenção; e Progressão) compõem as sete práticas que se alinham ao que chamamos aqui de resultados notáveis. Para terminar, destaco que uma das responsabilidades mais importantes para um líder de alto padrão é o aumento constante da excelência de atuação dos talentos da equipe. Então, que você consiga eliminar todos os desperdícios e as barreiras que o impedem de ganhar tempo e ser um bom gestor. A síntese diária que gosto de fazer com a minha equipe e com os meus clientes vem dos quatro seguintes questionamentos: "Estamos caminhando na direção que projetamos?". A descrição da estratégia nos ajuda nisso.

O segundo é: "Quais são os obstáculos que nos impedem de ser mais ágeis?". Seria a burocracia, a baixa competência, o baixo engajamento? Se a resposta é sim, o que podemos fazer para melhorar o engajamento, eliminar as burocracias, retirar os obstáculos e ajudar as equipes a performarem melhor?

O terceiro questionamento é "o que podemos mudar no modo como trabalhamos?". Estamos vivendo uma revolução na transformação das metodologias. Elas são cada vez mais eficazes e estão voltadas para um fluxo de trabalho contínuo e efetivo para a construção de valor e celeridade. Queremos uma nova fórmula, que nos permita ser mais performáticos, com propósito, engajados e sem adoecer ou entristecer.

"Uma das responsabilidades mais importantes para um líder de alto padrão é o aumento constante da excelência de atuação dos talentos da equipe."

Por fim, temos a última e fundamental questão: "Que conhecimentos e recursos precisamos para alcançar nossos objetivos estratégicos e consolidar nosso posicionamento, marca e reputação?". A ideia central é sempre rapidez e efetividade. Portanto, que você possa ser um gestor representante da estratégia. Que possa orientar, engajar, capacitar e criar um ambiente onde o conhecimento e a inovação possam ser predominantes. Lembre-se de que é preciso criar um modelo de gestão que passe por processos maduros e robustos. A isso deve ser somada a presença de uma cultura que fomenta a excelência e de uma liderança que promova o alinhamento estratégico, a inovação, a confiança e a autonomia. E, evidentemente, nenhum modelo se sustenta sem a presença de uma equipe que se comporte de forma correta, célere, funcional e que seja capaz de entregar aquilo que foi prometido no *timing* adequado.

O líder certo no lugar e no momento certos

Rodrigo Cardoso

"Qualquer organização que tenha um bom líder obterá grandes resultados."

Se você parar para pensar, líder é aquele que dá exemplo e gera resultados. Qualquer organização que tenha um bom líder obterá grandes resultados. Dessa maneira, é uma peça-chave em qualquer empresa que deseja prosperar.

Mas qual tipo de líder é visto como o mais adequado? Depois de muito pesquisar sobre este tema, cheguei a um modelo em que separei os líderes em quatro perfis (chefe, motivador, paternalista e inspirador). Já ressalto, entretanto, que não há melhor ou pior. Dependendo do cenário, cada um tem seus prós e contras.

Além desta divisão, estabeleci maneiras de comunicação para com seus quatro tipos de liderados (energético, popular, perfeccionista e sereno). Afinal, são pessoas com estilos distintos, daí a necessidade de uma abordagem diferente para com cada um deles.

Começo apresentando o primeiro tipo de líder: o chefe. É o modelo mais antiquado, aquele que costuma dizer: "Manda quem pode, obedece quem tem juízo". O pessoal de Recursos Humanos mais antigo valoriza muito este perfil. E eu digo que, em alguns momentos, a empresa vai precisar de alguém assim. É o tipo ideal para situações de crise. Quando o barco está afundando, não dá para perguntar: "Você prefere içar a vela ou jogar a âncora?". Ou diante de um incêndio: "Você poderia me ajudar a apagar o fogo?". Nestes momentos, a equipe espera simplesmente alguém que chegue e diga: "Faça isso!", "Pegue aquilo" e assim por diante.

> "Líderes chefes impõem-se pelo poder a eles investido e pelo medo que inspiram, mas são uma tendência de curto prazo."

Lembro-me do exemplo de David Barioni Neto, que exerceu um papel chave após o acidente do voo 1907 da Gol, que matou 154 pessoas no fim de setembro de 2006. O executivo foi incumbido pelo então presidente desta companhia aérea, Constantino de Oliveira Júnior, para acompanhar as investigações das causas que levaram àquela tragédia, que decorreu de uma colisão entre um Boing 737 e um avião Legacy, da Embraer. Na época ele foi pessoalmente ao local do desastre, criou uma comissão de gerenciamento e afastou pessoas da condução do processo. Foi firme e imparcial como a situação exigia.

No geral, líderes chefes impõem-se pelo poder a eles investido e pelo medo que inspiram, mas são uma tendência de curto prazo. Os liderados não o seguem porque gostam, mas porque precisam. Por isso que junto com este perfil surgem os mercenários, e não os missionários. São pessoas interessadas no dinheiro, e não na missão.

O líder pode estragar a equipe?

O segundo tipo de líder é o motivador, aquele que possui uma alta energia e que, quando chega, todo mundo se anima. Este perfil até funciona bem, traz resultados visíveis, mas quando sai da empresa, leva junto com ele a energia que movimentava os liderados. Todos ali precisavam da presença do líder para fazer acontecer, e, sem ele, não se mantêm no mesmo nível.

Também temos o tipo paternalista, que, via de regra, estraga a equipe. Ele entra na categoria dos que passam a mão na cabeça e aceitam o mesmo erro duas, três, quatro vezes, pois não tem estômago para conflitos. É o líder "galinha", muito zeloso com seus "pintinhos". Que ninguém mexa com sua equipe! O problema é que ele acaba criando dentro da organização a cultura de que está tudo bem, a tolerância ou a complacência com falhas internas e uma casta de insubstituíveis. Mas nem tudo são críticas para este modelo! Há momentos em que o paternalismo é muito bem-vindo, como quando, por exemplo, um liderado está passando por algum desafio pessoal. Nestas situações, o colaborador não precisa de alguém que lhe dê broncas, mas sim de quem o escute, entenda o que está acontecendo e o motive. Este perfil paternalista tende a conquistar seus liderados por longo prazo. No entanto, quando se é superprotetor o tempo todo, como já disse, acaba-se estragando o time.

> "O líder inspirador escuta os sonhos e objetivos de cada liderado, é capaz de criar a ponte e de mostrar como cada um pode conseguir aquilo que deseja."

Mas a categoria que mais me agrada é a liderança inspiradora, que inspira seus liderados a fazer mais por si próprios do que fariam sem a presença desta figura influenciadora. Entenda: aqui, o desempenho do liderado não é mais pelo líder ou pela empresa, mas para com ele mesmo. Quando este líder extrai o melhor do seu time e consegue, com sua habilidade única, inspirá-lo a fazer o melhor, há benefícios para todos os envolvidos: liderado, líder e organização. O líder inspirador escuta os sonhos e objetivos de cada liderado, é capaz de criar a ponte e de mostrar como cada um pode conseguir aquilo que deseja.

Nesse caso, quando ele sair da organização, aquela força permanecerá, pois aqueles que ficam seguirão na sua missão. E fazem isso porque entendem que terão ganhos. Isso me faz lembrar do filme *Coração Valente*, em que Mel Gibson vive o líder escocês William Wallace. A Escócia travava uma guerra contra a Inglaterra pela sua independência, no final do século XIII. Numa das batalhas decisivas, os escoceses olham para o exército inglês, com todos os soldados bem uniformizados, estruturados e bem equipados e, por conta de sua situação precária, surge em alguns o medo e a vontade de desistir. Wallace está ciente disso e faz então um discurso matador que, em síntese, é mais ou menos assim:

"Lutem, e pode ser que morram. Fujam e viverão. Se isso acontecer, vocês nunca vão se esquecer desse momento e vão dar tudo para voltar aqui, agora, e dizer para os ingleses: 'Sim! Vocês podem queimar nossas casas, violentar nossas mulheres e tirar nossas vidas; mas jamais tirarão a nossa liberdade'". E naquele momento, os escoceses se inflamaram e foram para a batalha. Sem a presença daquele líder inspirador, a história seria diferente. E mesmo quando ele veio a faltar, suas ideias e ensinamentos permaneceram vivos e os seus conterrâneos mantiveram viva a luta e aceso o desejo de liberdade.

Como o líder deve se comunicar com cada perfil de sua equipe?

Falei dos tipos de líderes e, agora, abordarei sobre os perfis de comunicação. Cada liderado seu também tem um caráter particular. O primeiro deles é o energético, um tipo rápido na ação. Você fala, ele absorve e parte para ação. É um líder nato e o verbo que melhor se associa a ele é "fazer". É um trabalhador, um trator que vai tirando do caminho os obstáculos. Mas seu ponto fraco é o relacionamento. Na sua forma de conduzir as coisas, vai atropelando tudo e esquecendo de dizer "obrigado", "desculpas", "por favor", "estou errado". Essas palavras não constam no vocabulário dele. Quando se lidera um energético, é preciso ser "curto e grosso", porque ele absorve a pancada. Você pede um relatório para segunda-feira e, na data combinada, estará na sua mão, porque ele é muito produtivo.

O segundo perfil de comportamento é o popular, aquele que chega à empresa feliz, sorrindo, abraçando e beijando todo mundo. É alguém que genuinamente gosta de pessoas e parece estar sempre de bem com a vida. O verbo que melhor se aplica a ele é "falar", pois é um excelente comunicador. Mas esta também é sua fraqueza, pois acaba falando demais, além de ser desorganizado e nunca saber onde deixa as coisas.

O popular é completamente diferente do perfeccionista, nosso outro perfil. É alguém superorganizado, muito bom com números e, por conta disso, se sente à vontade na área de finanças. O verbo que melhor se conecta a ele é "analisar". Mas, de tanto se debruçar sobre determinadas situações, acaba sendo mais devagar na execução do trabalho. Isso acontece porque sempre considera que o resultado não está bom o suficiente. Então ele pensa mais um pouco e, neste processo, acaba perdendo o prazo. O perfeccionista pode-se passar por uma pessoa negativa pois, quando lhe é apresentado um projeto ou um cenário, ele pensa em tudo, inclusive na possibilidade de dar errado. Muitas vezes, salva a organização.

Por último, temos o sereno, o melhor dos ouvintes. Ele mais escuta do que fala. Não deseja ser um líder, mas, quando está nesta condição, se torna uma figura querida pelos seus liderados.

E, para finalizar, como o líder deve se comunicar com cada perfil de sua equipe? Para o energético você diz: "Preciso deste relatório para amanhã". E ele responderá assim: "Sim, chefe!". Se você usar da mesma assertividade com o popular, ele vai sair da sala e lhe chamar de insensível. Com ele, tem que se ter um pouco mais de jeito e, preferencialmente, usar o verbo no condicional: "Por acaso, você poderia preparar este relatório para mim para amanhã?". E nesta ele é capaz de responder: "Oh chefe, o que você não me pede chorando que não faço sorrindo?".

Já para o perfeccionista, é preciso destrinchar a tarefa e dar o passo a passo, do contrário ele vai perder o prazo. Se for dado o direcionamento certo, você terá o melhor relatório de todos. Quanto ao sereno, ele não gosta muito de mudança, é desconfiado, mas quando você o conquista, é amigo para o resto da vida. Quando for oferecer um cargo de extrema confiança, certifique-se de que aquele que for escolhido para a posição seja um sereno.

Caso queira fazer um teste gratuitamente para identificar o seu perfil dominante, por favor, acesse o site www.testedecomportamento.com.br. Evidentemente, como seres humanos, temos nuances diferentes e não somos 100% uma coisa só. No entanto, se o percentual para qualquer uma das características for acima de 50%, você será o que classifico como um genuíno puro sangue.

PARTE IV

LIDERAR É VENDER MAIS

Gerando vendas com a arte de contar histórias

Claudio Diogo

> “Contar histórias é uma habilidade de comunicação obrigatória para quem é líder.”

Talvez a maneira mais antiga e intensa de nos comunicarmos seja por meio de histórias. No universo corporativo elas são vistas como uma ferramenta incrível para falarmos não só com nossos liderados, mas também com nossos clientes e nosso mercado. Isto porque histórias ajudam a nos comunicarmos melhor, e, com isso, as equipes passam a vender mais e a corporação, por consequência, consegue se posicionar melhor dentro do nicho de atuação. É o que eu chamo de “a tríade das histórias para líderes”: comunicação, marketing e vendas.

Contar histórias é uma habilidade de comunicação obrigatória para quem é líder. E digo isto com a experiência de quem já escreveu quatro livros sobre o tema, criou um programa de treinamento com metodologias de venda e capacitou milhares de executivos do Brasil e da América Latina nos últimos 30 anos. Os líderes de hoje precisam usar histórias para convencer e encantar. Por quê? Porque elas têm força! E as pessoas retêm muito mais informações quando ouvem histórias.

Toda ação corporativa carrega uma história escondida dentro dela

Você se lembra daquele desenho animado que assistia quando tinha seis anos? Ou daquela história que o seu pai lhe contou quando tinha sete? Ou quem sabe se recorda de algo que o professor lhe ensinou, em um passado distante, sobre a Independência do Brasil? Aposto que sim! E sabe por quê? Porque quando fatos e informações são enquadrados em formato de histórias, prendem a atenção de uma maneira incrível! Aconteceu com você... aconteceu comigo... e acontece com todas as pessoas!

Imagine comigo: depois de um feedback ao seu liderado, ele se vê em uma situação semelhante àquela em que você compartilhou com a equipe. Por exemplo: você está falando sobre diferentes formas de neutralizar uma objeção e utiliza uma história sua de alguma venda bem-feita. Depois disso, durante um dos contatos que o seu vendedor está fazendo com algum cliente, acontece uma situação semelhante. Adivinha o que vai acontecer? Claro, ele vai se lembrar de você e da sua história, e não de nenhum discurso seco de um outro líder qualquer. Por isso que eu digo: as histórias são a melhor maneira que se tem de se comunicar com a equipe.

Num dos cursos que fiz sobre *Storyselling*, dirigido especificamente à liderança, tive acesso a um estudo liderado pelo doutor Raymond A. Mar, psicólogo da Universidade de York. Na ocasião, ele apresentou dados que mostravam o seguinte: crianças em idade pré-escolar que foram expostas a histórias tinham habilidade social muito superior, além de uma maior capacidade de se relacionar com outras pessoas, se comparadas às que não tinham tido este tipo de vivência. Em resumo: as histórias ajudam a melhorar as atividades interpessoais e mostram às pessoas como se comportar em algumas situações em que elas ainda não viveram; elas alteram a química cerebral e tornam os ouvintes mais abertos a ideias.

> *"As histórias ajudam a melhorar as atividades interpessoais e mostram às pessoas como se comportar em algumas situações em que elas ainda não viveram."*

Por mais contraintuitivo que possa parecer, quanto mais você apresenta aos seus liderados simples fatos, mais eles vão questionar a veracidade dos seus argumentos. Agora, quando a sua equipe recebe os mesmos fatos e você apela ao lado lógico, sempre o liderado vai abordar a situação em um estado de espírito analítico e crítico. Ele vai tentar argumentar tudo que você apresentou e vai usar o quê? Fatos lógicos. Todo discurso até então foi na base do conceito lógico.

Agora, quando você utiliza histórias, a contra-argumentação é muito mais difícil. Afinal de contas, toda ação corporativa carrega uma história escondida dentro dela, não tem como fugir disso. Tudo o que você precisa é recontar este momento aos seus liderados. Dessa maneira, você terá muitos fãs do seu estilo de liderança. E quando você for usar histórias para convencer seus liderados, se prepare criando situações hipotéticas com as quais eles se identificam e comprovam que você conhece sobre as dores de cada um da equipe.

E sabe o que vai acontecer? Após ouvir o seu relato, o interlocutor vai pensar: "Este cara que estou ouvindo na história sou eu". É identificação pura! E quando acontece essa identificação, eles naturalmente pensam: "Este líder me conhece, ele sabe o que acontece com a gente. Esse cara é nosso líder".

Histórias têm poder

Vamos falar agora sobre a força das histórias no marketing das empresas, que também precisam usar histórias para se comunicarem com os seus clientes. Há anos estudo biografias, porque gosto de entender a causa que envolve as pessoas. E com o tempo percebi que as empresas são construídas por pessoas. E isso torna empresas e pessoas muito parecidas. Com isso, concluo que a história por trás de uma empresa é a sua alma.

Nos últimos anos tenho me dedicado ao *Storyselling*, trabalhando com executivos que querem contar uma forte história no palco, empreendedores que precisam de investidores para alavancar o seu negócio, que precisam deixar a sua história na mente das pessoas e dos consumidores. Como líder, um fato é inquestionável: você precisa se comunicar de forma eficiente e inesquecível com toda a equipe.

Vale lembrar que as marcas de maior sucesso do mundo não se comportam como mercadoria. E você e sua empresa também não podem se comportar assim.

A cada dia são realizadas pelo Google quase 4 bilhões de pesquisas, e, neste cenário, contar uma boa história é uma maneira muito eficiente de tornar a mensagem da sua empresa diferente das demais. Mas como criar uma história? O primeiro passo é conhecer bem o seu público. E isso vai muito além de sexo, idade e cidade de origem. É preciso analisar o comportamento de compra do seu cliente, conhecer estas pessoas, que problemas enfrentam todos os dias e como seu produto e a sua empresa podem resolver estes problemas. Lembre-se: quando for criar suas histórias, elas têm de estar em sintonia com todos os interesses da sua persona. Assim você vai atrair o tráfego certo para a página da sua empresa e vai ser muito mais assertivo na comunicação.

> *"Contar histórias de marca não é mais estratégia de marketing... simplesmente é uma necessidade."*

As histórias de um produto ou de uma marca, além de contar aos seus clientes quais as razões que o levam a comprar, fazem com que entendam o porquê de sua existência e porque é tão importante para a vida deles. Contar histórias de marca não é mais estratégia de marketing... simplesmente é uma necessidade. Sabe por quê? Porque maximiza a visibilidade, o lucro e o impacto da empresa na mente dos clientes. E isso acontece o tempo todo. Não adianta só ter produtos ou serviços de qualidade. Isso é pouco! Você precisa saber como transmitir estas qualidades de uma maneira diferente de todo mundo, para que possa se destacar. Por isso, contar história da marca é tão importante hoje em dia.

Pergunte para você mesmo pelo que quer ser lembrado e qual é a mensagem que você quer transmitir a sua equipe e a seus clientes. As pessoas podem esquecer o que você disse, mas não esquecem como você fez com que elas se sentissem. No entanto, fazer a sua equipe usar histórias de venda ou *Storyselling* não é só fazer com que o seu time fique contando historinhas. É muito mais que isso. Você já ouviu aquele ditado: "uma imagem vale mais que mil palavras"? No caso do *Storyselling* a frase que vale é a seguinte: uma história vale mais que mil palavras! Para que a equipe de vendas que você lidera se conecte com seus clientes, ela tem que contar histórias. Uma história que capte a atenção do cliente e que provoque o envolvimento emocional com o seu produto e a sua marca.

Quer ter uma ideia de como uma história simples pode tornar o que você vende mais valioso? Em julho de 2009, um jornalista e um autor de marketing fizeram uma pesquisa muito interessante. Na ocasião, eles compraram em brechós e vendas de garagem um total de 100 objetos comuns, pagando por eles no máximo 1,30 dólar. Em um segundo momento, eles pediram a um grupo de voluntários que escrevessem pequenas histórias para cada produto. Por fim, colocaram todos estes itens à venda no eBay. E em vez de colocar só uma simples descrição ao lado da imagem, postaram a foto e usaram junto uma história fictícia (deixando muito claro que a história era imaginária, para que ninguém pensasse que aqueles itens eram estupidamente valiosos e únicos).

Após dois meses, todos os itens foram vendidos. Originalmente eles pagaram um total de 130 dólares por tudo. Pois sabe qual foi o preço de venda final de todos os itens? Mais de 3.600 dólares, um aumento de 2800% no valor. Essa experiência me provou que uma boa história transforma objetos insignificantes em significativos. Em outras palavras, histórias transformam objetos baratos em objetos valiosos. Por isso, tenha uma certeza: uma equipe que vende produtos com uma boa história, não leva as pessoas a pagar mais por isso. Na verdade, a história é que aumenta o valor do produto. E ter uma equipe que aumenta o valor dos produtos é incrível, não é?

E nos tempos da virtualidade?

Uma boa parte dos líderes se pergunta: e se minha audiência virtual começar a "dormir" depois de alguns minutos de transmissão? Não estranhe, é assim mesmo. Nossa atenção é cíclica.

Somos programados mentalmente para buscar novidades o tempo todo. E quando não encontramos algo que nos desperte deste "sono" progressivo, o tédio começa a tomar conta, e é por isso que nossa atenção precisa ser reavivada por alguma ação estimulante a cada espaço de tempo. É o que eu chamo de **gatilho cognitivo**.

Os melhores líderes nas transmissões on-line são aqueles que não dão tempo ao cérebro para ele ficar entediado.

Recomendo aos nossos alunos de *Storyselling* para incluírem em suas apresentações e demonstrações um outro palestrante, um vídeo com clientes contando alguma história, telas animadas, objetos, troca de roupas e cenários, analogias, *short-storys* e uma longa lista de gatilhos para despertar a audiência a cada ciclo de dez minutos.

Indico fortemente que na construção do roteiro das suas apresentações de vendas via *Storyselling*, incluam gatilhos que despertem as mentes cansadas e que vivem constantemente buscando novos estímulos.

A persuasão funciona por intervalos, por isso dê ao cérebro dos seus ouvintes motivos para ficarem grudados em você. Alimente-os com atenção.

"Os melhores líderes nas transmissões on-line são aqueles que não dão tempo ao cérebro para ele ficar entediado."

Coloque já estes ensinamentos em ação, pois a prática torna o líder cada vez mais competente.

Isto é história. E história é a alma do negócio!

Como formar, treinar e dirigir uma equipe de vendas

Marcelo Ortega

Liderar na área de vendas é diferente. Vendedores detestam ter um chefe; estes profissionais gostam sim, de ter um líder que seja mobilizador, inspirador, um modelo na forma de conduzir a partir de controles, técnicas e dispositivos de monitoramento constante. Estes profissionais precisam disso, mas sem pressão! E esta, muitas vezes, é a única ferramenta que se usa em vendas: ou atinge-se a meta ou é se é demitido.

Poucas categorias trocam tanto de empresas quanto a dos vendedores. Muitos se consideram descartáveis ou estão apenas provisoriamente em vendas. Por outras vezes, a alta rotatividade está relacionada a uma liderança fraca, que não entende que o processo de ser um líder educador é o que faz com que as pessoas tenham mais lealdade. Portanto, se você comanda uma equipe de vendas ou almeja estar neste papel, deve ter em mente os **3 R**s.

O primeiro significa **R**egras. Sem as regras do jogo definidas, uma área de vendas fica dispersa ou, muitas vezes, estagnada. Vendedores precisam se sentir monitorados, perceberem que o trabalho está sendo observado e mensurado. Essa medição não passa só pelo resultado em números, mas também por uma questão de correção de desvios. Bons líderes não só zelam pelo cumprimento das regras, mas também ajudam os liderados a alcançarem metas dentro do prazo que precisa acontecer, para que o volume de produtividade seja proporcional ao tempo que o profissional tem de casa e à área ou à região em que trabalha. É preciso entender que os motivos que levam à mobilização em torno dos resultados são diferentes entre pessoas e até mesmo cargos. Há quem diga que, em vendas, a motivação vem somente do dinheiro. De fato, a falta deste leva à desmotivação, mas não pode ser o único fator motivacional.

O outro **R** é do **R**econhecimento. Uma das regras que as pessoas sempre estabelecem em vendas são as metas, que foram feitas para serem atingidas dentro de um determinado prazo. E quem não as atinge normalmente é penalizado. Mas a penalização não tem de ser a demissão. É preciso restabelecer o prestígio daquele profissional; tem de dar chance para que ele se movimente de uma maneira diferente e o acompanhar durante o percurso. Pode-se também estipular metas menores que, quando atingidas, aumentam a autoconfiança da equipe para seguir em frente rumo ao objetivo maior, que pode ser o do trimestre, o do semestre ou o do ano.

> "Bons líderes não só zelam pelo cumprimento das regras, mas também ajudam os liderados a alcançarem metas dentro do prazo."

Líderes eficientes mobilizam suas equipes em torno do resultado

Metas são lei dentro do processo de condução de uma equipe. Mas a trajetória, o monitoramento e o treinamento também deveriam ser. Aqueles que atingem metas devem certamente ser reconhecidos. Por outro lado, vendedores que dão menos descontos ou que estão no começo do trabalho e elevam o volume de prospecção, também. Neste último caso, não estão vendendo ainda, mas estão fazendo um bom trabalho de base e de relacionamento com a carteira, aumentando o vínculo, a afetividade e a conexão com o cliente. Atente-se também que aqueles que fazem o uso de outros indicadores de performance ou métricas passam a ser líderes mais completos, porque a equipe percebe que seus controles e monitoramento estão sendo benéficos para os ajustes do *modus operandi*. Vale lembrar ainda que existem vendedores de 100 metros rasos, os velocistas, e os maratonistas, que são mais cadenciados. Estes últimos demoram mais no ciclo de venda, mas, quando finalizam, entregam muito mais do que os caçadores, que saem oferecendo o produto a torto e a direito.

Na prática, não existe o certo ou o errado em vendas, e sim algo chamado **R**esultado. E este é o nosso último **R**. Líderes são responsáveis por mobilizar suas equipes a terem resultados. Por isso, a liderança inteligente em vendas pensa na parte estratégica para alcançar os objetivos. Mas onde se inicia o trabalho de um gestor de vendas? Começa na organização melhor do tempo, para que se possa acompanhar a equipe e mensurar os avanços. Se 20% da equipe é responsável por 80% do resultado, como na maioria dos negócios

– conforme a Lei de Pareto – pode-se mudar isso a partir do acompanhamento melhor dos 80% da equipe que precisem de treinamento, regras, reconhecimento e resultado.

É comum ver um vendedor que, muitas vezes, vende os produtos que têm o menor nível de lucratividade. É o famoso tirador de pedidos. Ele se mantém ali na empresa sem nenhum tipo de desafio para vender produtos *premium* ou um mix de produtos maior. Também é comum que o gerente faça vista grossa para os motivos sabidamente irreais da não venda. Além do mais, esta liderança peca em não fazer o acompanhamento das negociações para entender por que a empresa perdeu o espaço ou *market share*; por que o ponto de venda já não performa como antes; por que a cada dez clientes, nove são perdidos; por que há muito esforço e pouquíssima conversão.

Caminho para o sucesso

Só existem duas maneiras de ter sucesso em vendas. A primeira é aumentando o fluxo de produtividade de cada vendedor. O funil de vendas ou do cliente, que poucos gerentes implementam, é o que determina se você tem um olhar para a geração de oportunidade suficiente para atingir metas. Não dá para dizer que vai vender 1 milhão de dólares tendo 1 milhão de dólares prospectados. A cada dez clientes, dois ou três vão fechar, muitas vezes por ordem natural: já têm o hábito de comprar e confiam na empresa ou na marca.

Mas o vendedor poderia, a cada dez clientes, de repente vender para três ou quatro, se ele criasse um sistema que chamo de Estratégia de Pós não Venda. Isso significa pegar a carteira de inativos e analisar aqueles que já compraram e poderiam comprar mais, fazendo uso de métricas de desempenho, associando produtos novos e olhando a matriz dos clientes. Aqueles que são chave, merecem atendimento prioritário. Os estratégicos – que barganham muito, mas continuam comprando – merecem um tratamento diferenciado. Já o cliente que não percebe o valor, que negocia muito e compra pouco, precisa sair desta posição. Para isso, o vendedor precisará educá-lo.

"Vendedores passam a se sentir mais importantes quando participam da construção de novas ideias e processos."

Mas existe um tipo de cliente que está na cultura de empresas que têm o pensamento só de atender, atender, atender... e não de gerar novos negócios e dinheiro novo: o desinteressante ou desimportante para o negócio. Sabe aquele cliente que pede sempre desconto, não compra muito e dá um trabalho gigantesco para seu vendedor? Este é até assunto nas reuniões, mas não traz lucro, muito menos resultado. Olhe para ele desestimulando-o a comprar da sua empresa. Invista seus esforços para treinar a equipe para trabalhar bem projetos de negócios que sejam maiores e mais lucrativos.

Ensine a arte da qualificação da comunicação e tenha um processo que chamo de **I.D.E.A.L.** ou **I**deias **D**esenvolvidas com **É**tica, **A**finidade e **L**iberdade de Expressão. Ideal é uma sigla e simboliza que seus vendedores passam a se sentir mais importantes quando participam da construção de novas ideias e processos.

Muitos dos vendedores sabem que podem vender muito mais do que estão vendendo, mas não são desafiados a isso.

Dentro das metas a eles transferidas não existe um crescimento projetado ou a opinião do próprio vendedor. Então, ele diz: "Não sou pago para fazer isso e não vou vender muito mais, senão a meta vai aumentar constantemente". É o pensamento da crença limitante, que deixa muitos negócios estagnados. Nas crises é que se vê muitas vezes empresas quebrando, porque vendem de uma maneira só. Não abraçam a diversidade, não treinam suas equipes e não têm um modelo de desafiar e fazer com que o vendedor se sinta parte responsável na obtenção de metas e resultados.

Para encerrarmos, quanto tempo você pode dedicar à sua equipe? Consegue fazer reuniões mais produtivas, olhando o funil de vendas, seu mapa de oportunidades? Existem indicadores, como redução de nível de desconto e aumento do nível de efetividade dos contatos? Além disso, mude o jeito como se comunica nas reuniões, tornando-as mais produtivas e obtendo ideias vindas dos vendedores. Eles vão revelar suas dificuldades.

O líder precisa entender que o jogo da liderança em vendas não é uma partida de damas, mas de xadrez, em que as pedras são diferentes, se movimentam de forma distinta, mas até o peão pode dar um xeque-mate. Então, lembre-se: todos são importantes e a equipe é o espelho do seu maestro. Por isso, liderar com inteligência é ter regras, reconhecimento, valorizar avanços, ter foco absoluto no resultado e ajudar aqueles que estão longe de suas metas a conquistá-las.

"O líder precisa entender que o jogo da liderança em vendas não é uma partida de damas, mas de xadrez."

Dez atitudes que trazem alta performance em vendas

Raul Candeloro

Existe uma característica marcante e que está sempre presente quando converso com líderes de vendas: a revisão de atitudes. Ela pode ser diária, semanal ou mensal e é fundamental se você busca aperfeiçoar suas habilidades de forma contínua. Mas como fazer esta revisão de maneira adequada? Além de trabalhar com o conceito de **CHA** das vendas: **C**onhecimentos, **H**abilidades e **A**titudes, para facilitar este processo de revisão desenvolvi um roteiro com as dez atitudes que ajudam a ter alta performance em vendas. São dez perguntas que você faz para si mesmo, sendo que, dentro de cada uma delas, deve-se dar uma nota de 0 a 10. E a reflexão final, após estas respostas, vai ser: quais desses pontos, se eu melhorasse, traria maior resultado positivo para todas as outras? E qual seria o maior impacto positivo na minha vida e nos meus resultados?

Esta é uma avaliação que você deve fazer sozinho. Mas também pode ser aplicada dentro de um grupo, quando se atua como gestor, sendo uma atividade muito benéfica para o desenvolvimento da equipe. Se criar este hábito sempre que chegar ao final de um período, vai ver que estará com algumas habilidades muito boas, outras neutras e algumas precisando de melhorias. Conhecendo suas fragilidades, pode ir atrás de material para lhe ajudar a desenvolver o que precisa. Na dúvida, lembre-se sempre que pessoas que trabalham com vendas têm uma grande missão na vida: ajudar o cliente a evitar um problema; ajudar o cliente a resolver um problema que já tem; ou ajudar o cliente a ter acesso a um ganho ou benefício. Estes tópicos devem ser o seu Norte, o seu porquê. E quando eles existem, todas as outras atitudes passam a ter direcionamento e a ajudar a melhorar.

"Pessoas que trabalham com vendas têm uma grande missão na vida: ajudar o cliente."

Vamos então conhecer agora cada uma dessas atitudes e as perguntas que devem ser feitas para a melhor exploração destes tópicos.

1ª) FOCO

"Tenho definido as metas semanais e mensais: o que preciso fazer para atingi-las?"

É importante ter em mente o que se quer atingir, porque sempre haverá dois tipos de metas: a que estou construindo e a de processos que tenho de fazer para atingir o objetivo desejado. Tenha em vista estes dois tópicos, pois isto vai lhe dar foco.

2ª) COMPROMETIMENTO

"Quando olho as minhas metas, sinto que estou 100% comprometido com elas e o que preciso fazer para atingi-las?"

É muito comum encontrar pessoas comprometidas com uma meta numérica, relacionada a vendas, mas não com o processo e as tarefas que são preciso executar para alcançá-la. E aí acontece um impasse, porque o sentimento deve caminhar junto com a ação. Pessoas de alta performance imediatamente vão entender essa desconexão e perceber o que é preciso fazer para melhorar.

3ª) MOTIVAÇÃO

"Sinto-me energizado e motivado quando penso na minha meta?"

Esta é uma pergunta superimportante. Uma meta desafiadora vai lhe dar um frio na barriga e energizar. Agora, se você olha para a meta e ela o desmotiva, repense o que é preciso rever, pois este erro pode lhe custar uma baixa performance.

4ª) INTELIGÊNCIA EMOCIONAL

"Tenho tido pensamentos e conversas positivas e produtivas comigo mesmo, com os clientes e com os colegas de trabalho?

Como tem sido a sua conversa mental consigo mesmo? E como avalia o seu bate-papo junto a outras pessoas do seu cotidiano? Como analisa a sua inteligência emocional em relação a estes pontos? Está perdendo a calma? Está sendo paciente? Está tendo empatia com as pessoas? Sim ou não? Avalie e reflita!

5ª) INICIATIVA

"Tenho esperado que me digam o que precisa ser feito ou já tenho, por conta própria, procurado ser proativo mesmo diante de desafios ou dificuldades?"

Como está a iniciativa e proatividade em relação ao que precisa fazer, mesmo quando isto não está dentro do planejamento, mesmo quando encontra percalços no meio do caminho?

6ª) AUTODESENVOLVIMENTO

"No período analisado, quanto de tempo destino para investir na própria capacitação?"

Eu separo esta capacitação em dois momentos: a pessoal, quando você separa um intervalo do dia para se desenvolver como pessoa e estudar assuntos que lhe interessam e que podem até se transformar em *hobbies*; e os que seriam específicos da sua área de atuação. No caso de vendas, que é o tema em questão, assuntos interessantes seriam técnicas de venda, bem como esmiuçar os oito passos da venda (planejamento, prospecção, abordagem, levantamento de necessidades, proposta de valor, negociação, fechamento e pós-venda). Veja que cada uma dessas áreas tem técnicas específicas, melhores práticas e conhecimentos dados por especialistas. Quando você quer melhorar a performance, precisa entender que todas as tarefas podem ser feitas de forma cada vez mais perfeita. Você pode até ter bons resultados, mas sempre deve buscar melhorar. E isso vem por meio da capacitação e do autodesenvolvimento.

7ª) PERSISTÊNCIA

"Tenho tido a persistência e perseverança necessárias para superar problemas e desafios no atingimento de metas?"

Persistência tem a ver com a sequência de atividades em médio e longo prazo. E ela é fundamental quando falamos em vendas. Estou persistindo ou desistindo e me desmotivando muito fácil e muito cedo, antes de conseguir o que quero? Estatisticamente, a maior parte das vendas acontece não no primeiro contato, mas no *follow-up*, quando faço uma sequência de contatos. E a maior parte dos vendedores desiste muito cedo e perde a maior parte das oportunidades justamente por falta de persistência.

8ª) ÉTICA

"Estou seguindo os meus valores?"

Tenho sido correto e seguido os meus valores na hora de conversar com o cliente? Consigo acreditar no que digo e transmito segurança na hora de fazer uma venda? No final do processo de venda, tenho orgulho de tudo o que falo? No final do dia, durmo com a consciência tranquila? Estes são os pontos que você deve refletir diante desta questão, principalmente quando se pensa em relacionamento de longo prazo, em diferenciação, em venda de valor, em estar representando uma empresa que conta com profissionais que não fazem o que concorrentes de menos ética fazem. É claramente algo que o mundo, a sociedade e os clientes estão exigindo cada vez mais: ética.

9ª) CRIATIVIDADE

" Tenho buscado novas formas de superar desafios e resolver problemas?"

Aqui a questão busca fazer você refletir se tem se esforçado para encontrar novas maneiras de superar desafios. Criatividade, neste caso, tem a ver com você ter um problema e procurar jeitos diferentes para solucioná-lo. O que eu fiz de diferente nesta semana? Prospectei de forma diferente? Tentei negociar de outra maneira? Que tipo de proposta diferenciada eu fiz? Como lidei com uma objeção de maneira diferente? Lembre-se: se estou testando coisas novas, estou aprendendo com elas. E isso também é muito importante no processo de alta performance. O que não vale é repetir a mesma coisa e entrar em um processo de quase acomodação, mesmo não tendo resultados muito bons.

10ª) RESILIÊNCIA

"Quando encontro uma dificuldade, seja ela operacional ou emocional, consigo respirar fundo e voltar ao ponto de equilíbrio?"

Resiliência é a capacidade de sofrer pressão e depois voltar naturalmente ao seu estado natural. Eu gosto muito de dar o exemplo da esponja: você pode apertá-la e deixá-la amassadinha dentro da tua mão; mas, quando a solta, ela, que é muito resistente, volta naturalmente a ocupar o espaço anterior. Quando trabalhamos com vendas precisamos muito da resiliência porque vamos ouvir objeções, vamos ouvir "nãos", o cliente vai desmarcar ou não vai poder atender, pois estará ocupado naquele momento.

Quem nunca passou pela situação de estar cheio de esperança de fechar uma venda e estar até contando com ela para bater a meta, comemorando a comissão, já até gastando o dinheiro da comissão... e a venda não fecha. Isso dói, mas bons vendedores têm de aprender a lidar com isso. E os líderes têm que saber administrar suas equipes para que a desmotivação não tome conta. Muitas vezes vejo profissionais se abalando emocionalmente após o primeiro "não" do dia. E quando isso ocorre, a tendência é que todos os outros contatos sejam ruins, pois a energia e a motivação não são as mesmas. Para se destacar neste segmento, é preciso trabalhar em alta performance e ter a capacidade de voltar ao estado natural em um curto período de tempo. Quando ajo dessa maneira, os entraves são menos doloridos, tenho melhores resultados, consigo me conectar melhor com as pessoas... e assim trabalho muito melhor!

"Quando trabalhamos com vendas precisamos muito da resiliência porque vamos ouvir objeções, vamos ouvir 'nãos'."

Delegar, a chave para a liderança

William Caldas

"Quando lidero um time de vendas, preciso ter em mente que, mais importante que meus liderados baterem as metas, são as tomadas de decisão que tenho ao longo da minha história junto àquelas pessoas."

Existe um erro histórico e que muitos gestores e líderes de equipes de vendas continuam a cometer no dia a dia profissional: não entender o que é delegar. Esta é uma palavra que todo líder deve conhecer e, principalmente, colocar em prática. Contudo, muitos fazem uma interpretação totalmente confusa desta expressão e, justamente por isso, tomam decisões equivocadas ao longo do caminho. E estas atitudes podem desencadear situações extremas e negativas.

Muitas vezes, um colaborador quer deixar a empresa não em função do produto ou do serviço que vende, não em função das objeções que encontra ao longo do tempo de vendas, mas sim por conta de uma liderança inadequada, que não sabe dialogar com a equipe. Quando lidero um time de vendas, preciso ter em mente que, mais importante que meus liderados baterem as metas, são as tomadas de decisão que tenho ao longo da minha história junto àquelas pessoas. Por isso, primeiramente quero mostrar a você o que não é delegar. E vou fazer isso trazendo alguns exemplos práticos.

Você provavelmente já ouviu esta frase antes: "Manda quem pode, obedece quem tem juízo". É uma frase antiga, e é com ela que faço uma reflexão importante: delegar não é mandar; não é transferir a responsabilidade. Falar para um vendedor "se virar" quando ele cometer um deslize não é a melhor estratégia. O mais adequado é chamar a atenção de outro jeito, mostrando de forma particular porque ele não deve agir daquela maneira. Ou dizer algo do tipo: "Lembra-se de que conversamos sobre isso no treinamento? Lembra-se de que dialogamos sobre isso antes de você propor esse negócio ao cliente?".

Mas qual é a grande questão? Muitas vezes ou não houve um diálogo antes ou não há um diálogo da liderança com a equipe; isso sem falar quando há falta de treinamento. Estamos vivendo uma época em que não nos faltam ferramentas; o que falta, muitas vezes, é a atitude de buscar a ferramenta e o conhecimento.

Gosto muito de uma fala do professor Vicente Falconi, do INDG, que diz o seguinte: "Ao longo da carreira profissional, em algum momento, haverá a seguinte situação: de um lado está a pessoa; do outro está a meta; e no meio desses dois pontos, neste intervalo, vai faltar um conhecimento específico. Portanto, é muito bom quando se entende qual é o conhecimento que está faltando para que se invista nele, e também que se busque as ferramentas certas para que aprenda o que precisa para chegar aonde deseja".

Agora, quero lhe propor um exercício. Leia estas duas frases e analise qual mexerá com você positivamente. Vamos a elas:

- Duvido que consiga executar esta tarefa.
- Tenho certeza absoluta, baseado em tudo o que já conversamos e em todos os conhecimentos que adquiriu nos treinamentos que participou, que você é capaz de fazer isso.

Perceba que, na primeira, estou duvidando da pessoa; e, por incrível que pareça, muitos colocam nesta frase um tom motivacional, pois a interpretam dessa forma: "Quero ver se você consegue fazer isso!". A questão é que delegar não é simplesmente deixar para lá, jogar a "batata quente" no colo do vendedor e não dar atenção. Se alguém da equipe não está performando como deveria devido a erros estratégicos e você, como líder, percebe e não faz nada para ajudar esta pessoa, e simplesmente a desliga, concluo que a gestão também não deu nenhum passo, não agiu da forma esperada. E essa será a impressão que ficará para o grupo.

Agora imagine o mesmo cenário, mas com enredo diferente: o mesmo vendedor de resultados ruins. Contudo, neste caso, o líder o chama para conversar, dá o *feedback* da situação e se coloca à disposição para acompanhá-lo durante uma semana, para detectar os pontos negativos que o fazem não performar como deveria. Posteriormente, com estes dados em mãos, analisa o que precisa desenvolver naquela pessoa e inicia uma semana de trabalho personalizado, focando nos pontos que precisam ser melhorados. Na terceira semana, já devidamente treinado, coloca-o em ação. Acredite: se, futuramente, você tiver que desligar esta pessoa, todos vão literalmente pensar o seguinte: o líder tentou salvar este emprego, pois fez tudo o que foi preciso. E muitas vezes, quando há todo este acompanhamento e, mesmo assim, o resultado não é positivo, o próprio colaborador chega à conclusão de que não dava para continuar e que, naquele momento, precisa encarar um desafio diferente. Percebe como o impacto da delegação positiva mostra para todos o que é importante?

"Um bom líder pode chamar a atenção e ser firme, mas no momento certo, sem ser desrespeitoso."

Delegar também não é induzir ao erro para poder chamar atenção depois. Você já deve ter ouvido, em algum momento da sua carreira, pessoas que dizem o seguinte: "Deixa errar e fazer bobagem. Depois eu vou chamar atenção". Definitivamente, não faça isso! Um bom líder pode chamar a atenção e ser firme, mas no momento certo, sem ser desrespeitoso. Quem trabalha com liderança de equipes precisa ter consciência disso.

Delegar gera resultados

Vamos desvendar, finalmente, o que é delegar? Primeiro é mostrar como se faz, para só então poder cobrar depois. Vamos ao seguinte exemplo: você pede para um colaborador resolver uma determinada questão com o cliente. Que tal, antes de mandá-lo executar a tarefa, perguntar a ele se já resolveu assuntos parecidos antes? E, caso a resposta seja positiva, há quanto tempo? Se ele disser mês passado, ok. Mas se a resposta for seis anos atrás, certamente é necessário um alinhamento prévio, levantando pontos importantes do cliente em questão e mostrando a maneira correta de se fazer.

Vale ressaltar que, neste processo, delegar é dar detalhes do que se espera, e perguntar sempre se ele entendeu o que deve ser feito. Isso é muito importante! Aconselhe, acompanhe, oriente, seja pessoalmente, por telefone, ou por plataformas digitais como Skype ou Zoom. O óbvio para mim não necessariamente é óbvio para o liderado.

Outro ponto crucial é alinhar a expectativa entre líder e liderados. Se você mandar um de seus colaboradores a uma negociação e combinar com ele que deve voltar só quando a questão estiver resolvida, coloque-se à disposição neste processo. "Se você perceber que isso não será resolvido lá, me liga antes de sair; ou, se durante a reunião com o cliente perceber que vai ser importante me perguntar um ponto específico, que isso vai fazer com que o cliente decida, me ligue!".

Então, a fórmula é simples: mostrar como se faz para poder cobrar; perguntar se a pessoa sabe fazer aquilo que você a está delegando a fazer; dar detalhes do que você espera e perguntar se essa pessoa entendeu. Tudo isso, sem esquecer de alinhar a expectativa entre líder e liderado e, fundamentalmente, colocar-se à disposição. Mostre a ele que você está torcendo para aquilo dar certo e está se dispondo a ajudar. O líder tem de dar elementos e conhecimento. Se não puder estar junto com o seu colaborador diante de uma determinada situação, dê a ele elementos, informações, dicas que mostrem o cenário que ele vai encarar, para que ele possa se sentir encorajado, confortável e motivado. Gosto muito de uma frase que diz: o melhor ensino é o exemplo.

E, finalmente, tenha em mente que, se você quer desenvolver e descobrir novas lideranças dentro do seu time, busque avaliar quais são as pessoas dali que têm características de líder. E aproveite o período que está liderando para começar a prepará-las para serem futuros líderes. Tenha prazer em delegar e a certeza de que os seus liderados vão desempenhar cada vez melhor e vão, dia após dia, surpreender positivamente não só a você, mas os clientes da empresa.

Conclusão

Alfredo Rocha

Neste momento vou usar a boa colocação que diz que, menos é mais, por isso serei bem rápido nesta reflexão final.

Bons líderes transformam vidas, moldam o mundo com suas ideias, suas ações, seus valores éticos, seus exemplos e, principalmente, com sua coragem de agir.

Bem, você chegou no fim desse livro e agora é hora de colocar em ação as ideias.

Nesta obra, você aprendeu que liderar é ir muito além do que apenas dar ordens, por isso o líder está sempre em formação, durante toda a vida, evoluindo sempre para promover mudanças; primeiro em si próprio, depois em todos as pessoas a sua volta.

Digo que o líder é a pessoa que abre caminhos, é quem faz acontecer quando as coisas precisam acontecer. Por isso esse tipo de liderança é tão necessária no mundo de hoje. Liderar não é uma questão do cargo que você ocupa, é sobre a forma como você age no dia a dia, inspirando outras mentes brilhantes a criar prosperidade e bem para o maior número de pessoas no mundo.

Uma grande missão do líder é influenciar o ambiente ao seu redor. O mundo é transformado a partir da nossa experiência. Influenciamos as pessoas mais próximas, e estas influenciam outras e outras e outras. E assim o mundo vai se moldando com base no que transmitimos. É um dever das pessoas de bem não se omitirem, principalmente neste momento de grandes transformações em que vivemos.

Ao concluir a leitura deste livro você completa mais uma etapa em sua contínua preparação para se tornar uma liderança inspiradora, eficaz e também uma referência para outros líderes.

Se eu for listar os responsáveis pelo meu sucesso profissional e por viver uma vida boa, apesar de todos os percalços que uma vida tem, digo com convicção que foram os livros que li e os líderes que eu tive felicidade de ter na minha caminhada, a começar pela minha mãe que homenageei no começo do livro.

Livros são uma grande fonte de ideias. Uma frase que me acompanha há muitos anos: "As ideias não melhoram o mundo, as ideias melhoram as pessoas. As pessoas melhoram o mundo".

Primeiro as pessoas melhoram o mundo ao seu redor. Da sua casa para sua rua, para a cidade em que você mora. E de pouco em pouco são capazes de melhorar o mundo.

Esta obra oferece ideias de vinte e cinco grandes palestrantes brasileiros. Agora você tem contato com estas grandes ideias. Sua próxima tarefa no caminho de uma boa liderança é conectar estas ideias entre si. Colocá-las em prática, pois o único jeito de mudar algo é fazendo.

Toda boa liderança deve buscar grandes ideias, deve estar em constante aprendizado. Aprenda a selecionar as boas ideias, deixe de lado as negatividades que transbordam na mídia. Fique com o que é bom e reflita sobre o que aprendeu. A partir de ideias aprendidas em livros, palestras e cursos, crie as suas próprias. Você é único(a) e pode gerar boas ideias para o mundo, pois você não é somente uma criatura, você é um criador também.

A Netspeakers é um portal que oferece grandes ideias para quem busca desenvolvimento contínuo. Reunimos em um único lugar palestrantes de reconhecimento nacional e internacional para facilitar a vida das pessoas e empresas. Se você busca o desenvolvimento pessoal e profissional, convido-o a conhecer as ideias que compartilhamos com você em: www.netspeakers.com.br.

Desejo a você muita paz, saúde e sucesso. Tudo isso também é influenciado por suas ideias. Então, desejo que você tenha boas. Até a próxima!

Referências

ANDRADES, Prof. Edison. *Eu supervisor:* para ser líder é preciso ser humano se quiser ser produtivo. São Paulo: Editora Professor, 2017.

ARTIGAS, Ana. *Inteligência relacional:* as 6 habilidades para revolucionar seus relacionamentos na vida e nos negócios. São Paulo: Literare Books, 2017.

BALTRESCA, Rafael. *Guia de hipnose:* os 7 passos. São Paulo: Do autor, 2018. Audiolivro.

CANDELORO, Raul. *Venda mais.* Salvador: Casa da Qualidade, 1997.

CARDOSO, Rodrigo. *Leve sua mensagem para o mundo.* São Paulo: Buzz, 2018.

CARDOSO, Rodrigo. *Faça diferente, faça a diferença.* Rio de Janeiro: Record, 2003.

CARMELLO, Eduardo. *Gestão da singularidade.* São Paulo: Gente, 2012.

CARMELLO, Eduardo. Supere! A arte de lidar com as adversidades. São Paulo: Gente, 2004.

CHAVES, Jober. *O poder da coragem:* as cinco chaves do sucesso que vão mudar a sua vida. São Paulo: Gente, 2016.

CURY, Augusto. *O vendedor de sonhos:* O Chamado. São Paulo: Planeta, 2020.

CURY, Augusto. *Nunca Desista de Seus Sonhos.* São Paulo: Sextante, 2004.

CURY, Augusto. *Inteligência multifocal:* Análise da construção dos pensamentos e da formação de pensadores. São Paulo: Cultrix, 2015.

DIOGO, Cláudio. *Vender mais e melhor*. Salvador: Casa de Qualidade, 2003.

GRETZ, Prof. *A Força do Entusiasmo*. Florianópolis: Editora Viabilização de Talentos Humanos, 1999.

GRETZ, Prof. *Voando como a águia:* A inteligência espiritual como fator de mudança. Florianópolis: Editora Viabilização de Talentos Humanos, 2004.

LAGO, Daniela do. *Despertar profissional*. São Paulo: Integrare, 2014.

LOUZADA, Maurício. *Pra valer:* Impossível é somente aquilo que você ainda não tentou. Carapicuíba: Pandorga, 2013.

MARINS, Luiz. *Só não erra quem não faz e outros temas ilustrados para fazer pensar*. São Paulo: Integrare, 2017.

MARINS, Luiz. *73+1 perguntas sobre marketing, gestão, motivação e sucesso*. São Paulo: Integrare, 2016.

NAVARRO, Leila. *A vida não precisa ser tão complicada:* pare de se preocupar e deixe a vida fluir. São Paulo: Thomas Nelson Brasil, 2014.

ORTEGA, Marcelo. *Sucesso em vendas:* 7 fundamentos para o sucesso, 4. ed. São Paulo: Benvirá, 2018.

PIRES, Luciano. *Diário de um líder*. São Paulo: Original, 2012.

ROCHA, Alfredo. *Quem lidera prospera*. São Paulo: Academia, 2020.

ROCHA, Alfredo. *Compre esta ideia:* melhore sua vida usando a motivação. São Paulo: Gente, 1998.

SALES, Marilam. *Eu quero... Viver e vencer*. São Paulo: All Print, 2008.

SCHNEIDER, Dado. *O mundo mudou... bem na minha vez*. São Paulo: Integrare, 2015.

SOUZA, César. *Clientividade:* a arte de falar a linguagem do cliente. Rio de Janeiro: Best Business, 2021.

SOUZA, César. *Seja o líder que o momento exige*. Rio de Janeiro: Best Business, 2018.

TAVARES, Clovis. *O jogo das vendas. São Paulo: Saraiva, 2012.*

TAVARES, Clovis. *Superdicas para inovar, criar oportunidades e virar o jogo.* São Paulo: Benvirá, 2017.

TEJON, José Luiz. *Liderança para fazer acontecer:* faltam líderes no mercado. Você se candidata? São Paulo: Gente, 2006.

TEJON, José Luiz. *A grande virada:* 50 regras de ouro para dar a volta por cima. São Paulo: Gente, 2008.

TEVAH, Eduardo. *O vendedor de diamantes.* Santa Maria: Pallotti, 2009.

TEVAH, Eduardo. A arte de fazer as pessoas experimentarem seu máximo. Santa Maria: Pallotti, 2008.

TOWLES, Amor. *Um Cavaleiro em Moscou.* Trad. Rachel Agavino. Rio de Janeiro: Intrínseca, 2018.

UEDA, Edgar; LUPPA, Luis Paulo. *Desvendando a caixa-preta do sucesso.* Rio de Janeiro: Alta Books, 2020.

SOARES, Inacia; CALDAS, William. *Do porteiro ao presidente:* todo mundo vende, todo mundo atende. Curitiba: Artes Editora, 2009.

Parabéns! Você chegou ao final do livro e deu um passo importante para ser um grande líder.

Para incentivá-lo ainda mais, estamos lhe presenteando com um voucher – desconto de 100% – da Netspeakers.

Acesse agora mesmo o QR Code a seguir, e tenha acesso grátis à plataforma Netspeakers por 30 dias com diversos conteúdos exclusivos de Liderança, Vendas, Motivação, Produtividade, Gestão e muito mais, apresentados por renomados palestrantes e mestres do mundo do conhecimento.

https://netspeakers.com.br/cupom/BENVIRA